CONTEÚDO DIGITAL PARA ALUNOS

Cadastre-se e transforme seus estudos em uma experiência única de aprendizado:

1. Escaneie o QR Code para acessar a página de cadastro.

2. Complete-a com seus dados pessoais e as informações de sua escola.

3. Adicione ao cadastro o código do aluno, que garante a exclusividade de acesso.

3194624A8555865

Agora, acesse:
www.editoradobrasil.com.br/leb
e aprenda de forma inovadora e diferente! :D

Lembre-se de que esse código, pessoal e intransferível, é valido por um ano. Guarde-o com cuidado, pois é a única maneira de você utilizar os conteúdos da plataforma.

CONHECER E TRANSFORMAR

PROJETOS Integradores

3

Componentes curriculares: **Arte**, **Ciências**, **Geografia**, **História**, **Língua Portuguesa** e **Matemática**.

Organizadora: Editora do Brasil

Editora responsável: Daniella Barroso

- Mestre em Geografia
- Docente em escolas públicas
- Editora de materiais didáticos

1ª edição
São Paulo, 2019

Dados Internacionais de Catalogação na Publicação (CIP)
(Câmara Brasileira do Livro, SP, Brasil)

Conhecer e transformar: [projetos integradores] 3 / organizadora Editora do Brasil; editora responsável Daniella Barroso. – 1. ed. – São Paulo: Editora do Brasil, 2019. – (Conhecer e transformar)

Componentes curriculares: Arte, ciências, geografia, história, língua portuguesa e matemática.

ISBN 978-85-10-07576-3 (aluno)
ISBN 978-85-10-07577-0 (professor)

1. Arte (Ensino fundamental) 2. Ciências (Ensino fundamental) 3. Geografia (Ensino fundamental) 4. História (Ensino fundamental) 5. Língua portuguesa (Ensino fundamental) 6. Matemática (Ensino fundamental) I. Brasil, Editora do. II. Barroso, Daniella. III. Série.

19-27495 CDD-372.19

Índices para catálogo sistemático:
1. Ensino integrado: Livros-texto: Ensino fundamental 372.19
Maria Alice Ferreira – Bibliotecária – CRB-8/7964

Direção-geral: Vicente Tortamano Avanso

Direção editorial: Felipe Ramos Poletti
Gerência editorial: Erika Caldin
Supervisão de arte e editoração: Cida Alves
Supervisão de revisão: Dora Helena Feres
Supervisão de iconografia: Léo Burgos
Supervisão de digital: Ethel Shuña Queiroz
Supervisão de controle de processos editoriais: Roseli Said
Supervisão de direitos autorais: Marilisa Bertolone Mendes

Supervisão editorial: Priscilla Cerencio
Edição: Agueda del Pozo
Assistência editorial: Felipe Adão e Ivi Paula Costa da Silva
Copidesque: Gisélia Costa e Ricardo Liberal
Revisão: Flávia Gonçalves, Marina Moura e Rosani Andreani
Pesquisa iconográfica: Pamela Rosa e Priscila Ferraz
Assistência de arte: Lívia Danielli
Design gráfico: Narjara Lara
Capa: Andrea Melo e Talita Lima
Imagens de capa: Tiwat K/Shutterstock.com, nubenamo/Shutterstock.com e balabolka/Shutterstock.com
Ilustrações: Carlos Jorge, Hélio Senatore, Luca Navarro, Rafael Herrera e Vanessa Alexandre
Produção cartográfica: Alessandro Passos da Costa
Coordenação de editoração eletrônica: Abdonildo José de Lima Santos
Editoração eletrônica: JS Design
Licenciamentos de textos: Cinthya Utiyama, Jennifer Xavier, Paula Harue Tozaki e Renata Garbellini
Controle de processos editoriais: Bruna Alves, Carlos Nunes, Rafael Machado e Stephanie Paparella

1ª edição/1ª impressão, 2019
Impresso na Meltingcolor Gráfica e Editora Ltda.

Rua Conselheiro Nébias, 887
São Paulo, SP – CEP 01203-001
Fone: +55 11 3226-0211
www.editoradobrasil.com.br

Elaboração de conteúdos

Ana Carolina Vieira Modaneze
Designer de jogos com foco em aprendizagem, bacharel em Comunicação Social e sócia-fundadora da Fagulha.

Carolina Lamas
Formada em Ciências Biológicas pela Universidade Federal do Paraná e pós-graduada em Análise Ambiental pela mesma universidade. Escreve e edita livros didáticos para a Educação Básica.

Deborah Carvalho
Geógrafa, mestre em geomorfologia urbana. Atua na área de meio ambiente e em produção de conteúdo.

Lígia Carvalho
Formada em Artes Visuais e com especialização em Mídias na Educação. Leciona na rede municipal de São Paulo.

Olá, você!

Este livro é um pouquinho diferente de outros livros escolares: ele tem um monte de perguntas e algumas sugestões sobre como descobrir as respostas.

Há respostas que já foram elaboradas por outras pessoas, afinal estamos há milhares de anos elaborando perguntas e respostas sobre tudo! Mas há algumas que ainda estão à espera de alguém que as descubra.

Neste livro, você encontrará jogos, brincadeiras, desafios e experimentos que vão transformá-lo em um explorador e estimulá-lo a ser um descobridor de coisas!

Formulamos cada projeto acreditando que toda criança é um mundo de possibilidades e talentos. Por isso, você pode se identificar muito com um experimento e não achar legal um jogo. Isso é natural, afinal somos diferentes e temos interesses diversos. Se você perceber que algum colega está desconfortável, enfrentando dificuldades, proponha a ele uma parceria e, juntos, façam descobertas. O que pode ser mais fascinante do que passar o ano escolar tentando decifrar mistérios com os colegas?

Torcemos muito para que você se divirta de montão!

Os autores

CONHEÇA SEU LIVRO

DE OLHO NO TEMA

Aqui você fica sabendo qual é o tema trabalhado no projeto e a importância dele em nossa vida.

PROJETO

Uma história que vai longe

Imagine que estamos no futuro: o ano é 2200. Como são as casas, ruas, praças, escolas? Será que daqui a 180 anos alguma coisa que existe hoje ainda fará parte da vida das pessoas?

Assim como temos acesso a diversos objetos e edifícios que foram construídos por nossos ancestrais, outros foram destruídos ao longo do tempo. Entretanto, alguns foram selecionados para serem preservados e se tornaram parte de nosso patrimônio cultural.

DE OLHO NO TEMA

As moradias, pontes, calçamentos, receitas culinárias, danças e muitos outros bens culturais formam o patrimônio cultural. Ele nos ajuda a entender quem somos e é uma fonte de inspiração para construirmos o futuro.

Você alguma vez já se perguntou como era o banheiro antigamente? Para encontrar essa resposta, nós podemos buscar banheiros antigos que ainda existem, tentar descobrir banheiros que foram destruídos, mas dos quais existem registros guardados por meio de fotografias ou até mesmo de pedaços que ficaram enterrados em algum lugar. Isso nos ajuda a entender como chegamos até o banheiro que conhecemos.

No passado, pessoas escolheram o que preservar para que nós pudéssemos conhecer hoje. A fotografia ao lado mostra uma sala na Fundação Casa de Rui Barbosa (Rio de Janeiro) reconstruída com mobiliários antigos.

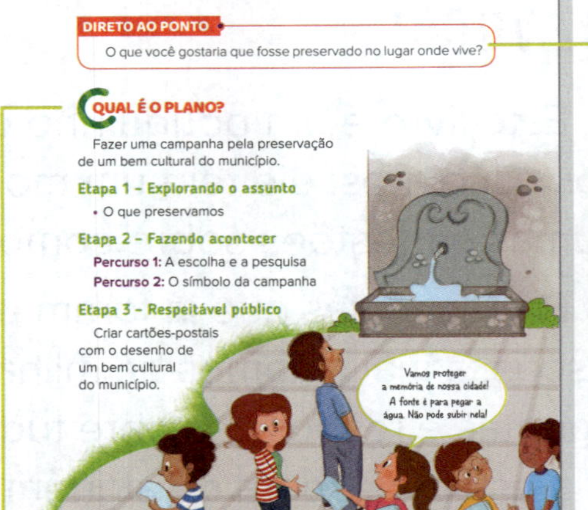
DIRETO AO PONTO

O que você gostaria que fosse preservado no lugar onde vive?

QUAL É O PLANO?

Fazer uma campanha pela preservação de um bem cultural do município.

Etapa 1 – Explorando o assunto

- O que preservamos

Etapa 2 – Fazendo acontecer

Percurso 1: A escolha e a pesquisa

Percurso 2: O símbolo da campanha

Etapa 3 – Respeitável público

Criar cartões-postais com o desenho de um bem cultural do município.

Vamos proteger a memória de nossa cidade! A fonte é para pegar a água. Não pode subir nela!

DIRETO AO PONTO

Essa é a questão norteadora do projeto, que o guiará a novas descobertas a respeito do assunto trabalhado.

QUAL É O PLANO?

Indicações de qual será o produto final e as etapas principais do projeto, do início até a conclusão.

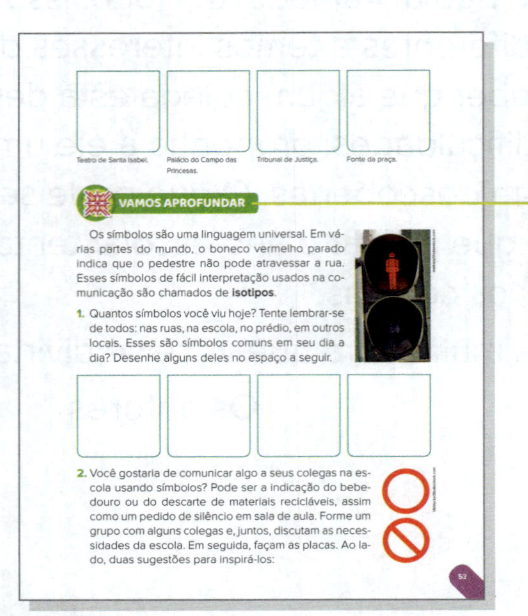
Teatro de Santa Isabel. Palácio do Campo das Princesas. Tribunal de Justiça. Fonte da praça.

VAMOS APROFUNDAR

Os símbolos são uma linguagem universal. Em várias partes do mundo, o boneco vermelho parado indica que o pedestre não pode atravessar a rua. Esses símbolos de fácil interpretação usados na comunicação são chamados de **isotipos**.

1. Quantos símbolos você viu hoje? Tente lembrar-se de todos: nas ruas, na escola, no prédio, em outros locais. Esses são símbolos comuns em seu dia a dia? Desenhe alguns deles no espaço a seguir.

2. Você gostaria de comunicar algo a seus colegas na escola usando símbolos? Pode ser a indicação do bebedouro ou do descarte de materiais recicláveis, assim como um pedido de silêncio em sala de aula. Forme um grupo com alguns colegas e, juntos, discutam as necessidades da escola. Em seguida, façam as placas. Ao lado, duas sugestões para inspirá-los:

53

VAMOS APROFUNDAR

Atividades para você checar os principais conceitos estudados por meio de questões que requerem leitura, interpretação e reflexão.

As ondas sonoras chegam à orelha e fazem a membrana do tímpano vibrar. O cérebro, ligado ao tímpano por nervos, recebe e interpreta essas vibrações. Vamos fazer um experimento para observar como funciona a membrana do tímpano.

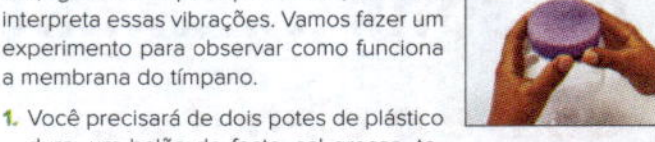

1. Você precisará de dois potes de plástico duro, um balão de festa, sal grosso, tesoura sem ponta e elástico.
2. Recorte o topo do balão de festa de forma que caiba na boca do pote plástico.
3. Coloque o pedaço do balão bem esticado na boca do pote plástico. Se precisar, ponha um elástico apertado em volta da borda do pote para mantê-lo esticado.
4. Coloque um pouco de sal grosso em cima do balão esticado.
5. Encoste a boca no fundo do outro pote, como se ele fosse um alto-falante, e faça vários tipos de sons sobre o balão esticado.

Observe o que acontece!

REFLITA E REGISTRE

1. O que aconteceu com o sal quando você fez barulho no fundo do pote? Por que isso ocorreu?
2. Como esse experimento nos ajuda a entender o papel do tímpano na audição?

31

VAMOS AGIR

Seção com atividades práticas: experimentos, criação de modelo, pesquisa, entrevistas etc.

REFLITA E REGISTRE

É nesse momento que você descobrirá algumas das conclusões após os experimentos e suas observações.

ETAPA 3 RESPEITÁVEL PÚBLICO

O primeiro público a apreciar o vídeo feito por vocês será formado pelos colegas da turma. Exibam o vídeo para eles e, ao final, organizem uma roda de conversa sobre as impressões deles a respeito da ação ambiental proposta por vocês. Algumas questões podem ajudá-los a iniciar a conversa:

- A ação ambiental proposta era viável?
- As informações foram transmitidas de forma clara?
- Os recursos visuais e sonoros ajudaram a explicar bem como a ação ambiental deve ser feita?

Anotem os apontamentos dos colegas. Depois, em grupo, editem novamente o vídeo para resolver os problemas indicados por eles.

Com o vídeo pronto, vocês precisam também verificar a segurança.

- O vídeo tem alguma identificação da escola? (Um aluno de uniforme, por exemplo.) Ao publicar um vídeo em redes sociais, não é seguro divulgar endereço ou nome da escola.
- Todos os passos propostos podem ser realizados com segurança por outras crianças? Se não, ponham um aviso no vídeo informando que aquele passo deve contar com a ajuda de um adulto.

Com tudo isso checado, agora vocês podem decidir como colocar os vídeos em circulação. Uma sugestão é deixá-los disponíveis nos computadores da escola e elaborar cartazes para convidar outros alunos a assisti-los quando forem utilizar esses computadores.

72

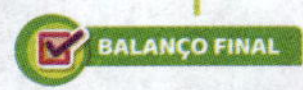

Antes de iniciar o projeto, você imaginava que as crianças também poderiam atuar para diminuir os impactos do ser humano no planeta? Como o projeto modificou sua visão sobre nossas atitudes cotidianas? Em uma roda de conversa, apresente aos colegas suas impressões quanto ao papel das crianças nas ações ambientais.

Estudantes italianos fazem protesto para exigir ações a respeito das mudanças climáticas. Roma, Itália, 2019.

AUTOAVALIAÇÃO

No quadro a seguir, você pode rever o que aprendeu ao longo deste projeto. O que foi fácil e o que representou um desafio para você?

Eu aprendi a...	😊	😐	😟
...identificar os materiais de que são feitos alguns objetos.			
...diferenciar os alimentos *in natura* dos processados.			
...identificar o impacto do uso de substâncias químicas no cultivo agrícola.			
...fazer a compostagem de alimentos.			
...divulgar uma ação ambiental por meio de vídeo.			

Sim 😊 Um pouco 😐 Não 😟

73

BALANÇO FINAL

Essa é a etapa em que você avaliará seu desempenho e o de toda a turma na execução do projeto.

AUTOAVALIAÇÃO

Essa é uma ficha para verificar as aprendizagens que você adquiriu durante o projeto.

SUMÁRIO

Uma história que vai longe

Imagine que estamos no futuro: o ano é 2200. Como são as casas, ruas, praças, escolas? Será que daqui a 180 anos alguma coisa que existe hoje ainda fará parte da vida das pessoas?

Assim como temos acesso a diversos objetos e edifícios que foram construídos por nossos ancestrais, outros foram destruídos ao longo do tempo. Entretanto, alguns foram selecionados para serem preservados e se tornaram parte de nosso patrimônio cultural.

DE OLHO NO TEMA

As moradias, pontes, calçamentos, receitas culinárias, danças e outros bens culturais formam o patrimônio cultural. Ele nos ajuda a entender quem somos e é uma fonte de inspiração para construirmos o futuro.

Você alguma vez já se perguntou como era o banheiro antigamente? Para encontrar essa resposta, nós podemos buscar banheiros antigos que ainda existem, tentar descobrir banheiros que foram destruídos, mas dos quais existem registros guardados por meio de fotografias ou até mesmo de pedaços que ficaram enterrados em algum lugar. Isso nos ajuda a entender como chegamos até o banheiro que conhecemos.

Alexandre Macieira/Tyba

No passado, pessoas escolheram o que preservar para que nós pudéssemos conhecer hoje. A fotografia ao lado mostra uma sala na Fundação Casa de Rui Barbosa (Rio de Janeiro) reconstruída com mobiliários antigos.

DIRETO AO PONTO

O que você gostaria que fosse preservado no lugar onde vive?

QUAL É O PLANO?

Fazer uma campanha pela preservação de um bem cultural do município.

Etapa 1 – Explorando o assunto

- O que preservamos

Etapa 2 – Fazendo acontecer

Percurso 1: A escolha e a pesquisa

Percurso 2: O símbolo da campanha

Etapa 3 – Respeitável público

Criar cartões-postais com o desenho de um bem cultural do município.

Vamos proteger a memória de nossa cidade!
A fonte é para pegar a água. Não pode subir nela!

O que preservamos

No Parque Nacional da Serra da Capivara, no Piauí, podemos ver pinturas feitas em rochas há milhares de anos. Provavelmente as pessoas fizeram muitos desenhos naquele período, mas apenas alguns deles chegaram até hoje: eles foram preservados.

EVELYN CALIMAM SAMPAIO/Shutterstock.com

O Parque Nacional da Serra da Capivara tem diversas áreas com pinturas rupestres e objetos de povos antigos que viviam ali. E faz parte de uma lista mundial de bens culturais que devem ser preservados.

Nós podemos conhecer essas pinturas feitas há muitos anos porque elas não foram destruídas. Por que e como isso aconteceu? As cavernas oferecem boas condições para que a tinta se mantenha. Além disso, não foi uma área ocupada por muitas pessoas, como uma cidade, por exemplo. Assim, as pinturas ficaram lá sem serem mexidas por longo tempo.

Esse parque foi criado para proteger as pinturas: muitas pessoas visitam aquelas cavernas para ver de perto os desenhos, mas é preciso seguir diversas regras nessas visitas. Sem essas regras, os visitantes poderiam fazer algo que destruísse as pinturas e as fizesse desaparecer.

Preservar as pinturas rupestres foi uma decisão tomada por muitas pessoas para, no futuro, pessoas que ainda nem nasceram também possam conhecê-las. Por isso, essas pinturas fazem parte do Patrimônio Cultural da Humanidade.

Observe os bilhetes abaixo.

Cia Carris, Porto Alegre

Bilhete de bonde em papel.

Coleção particular

Bilhete de metrô em papel.

Bruno Amaral/Fotoarena

Bilhete de transporte coletivo em cartão.

O que podemos saber a respeito dos transportes nas cidades observando os bilhetes? Eles deveriam ser guardados em um museu?

VAMOS AGIR

1. Coloque sobre sua carteira tudo o que você está carregando hoje.
2. Observe calmamente cada objeto. Para que serve? O que ele informa sobre seu dia a dia? Por que você o está carregando hoje?
3. Escolha um único objeto entre todos: aquele que informa mais coisas sobre seu dia a dia e apresente-o aos colegas. Explique por que você acredita que as pessoas no futuro poderiam saber da sua vida observando apenas esse objeto.

REFLITA E REGISTRE

1. Na turma, que tipo de objeto foi o mais escolhido? Por que você acredita que isso ocorreu?
2. Você recomendaria a proteção de algum desses objetos para que ele pudesse ser conhecido por pessoas no futuro? Como o objeto seria protegido?

A preservação do patrimônio cultural

[Patrimônio histórico] é um bem cultural que simboliza a formação de um povo e carrega testemunhos de sua história.

Paula Takada et al. É hora de valorizar nosso patrimônio cultural. *Nova Escola*, 1º ago. 2010. Disponível em: https://novaescola.org.br/conteudo/1682/e-hora-de-valorizar-nosso-patrimonio-cultural. Acesso em: 30 mar. 2019.

Onde você vive há uma construção marcante na paisagem? É provável que essa construção esteja presente em diversas fotografias do município. Muitas famílias também podem ter fotografias da construção, uma ponte, um prédio ou um coreto na praça, que aparece nos registros da família há várias gerações.

Quando os moradores do município decidem que uma construção revela aos outros uma parte importante da história e da cultura deles, é possível incluir essa construção em uma lista de bens culturais. Assim, todos passam a cuidar para que essa construção continue existindo por muitos anos.

Reprodução/Belém da Saudade

Karina Tengan

Palácio Antônio Lemos, conhecido como Palacete Azul, é uma construção de 1860. O prédio já passou por várias reformas e, atualmente, é a sede da prefeitura de Belém, no estado do Pará, e o Museu de Arte. Ele faz parte da lista de bens culturais que são patrimônio nacional. À esquerda, fotografia de cerca de 1907 e, à direita, em 2014.

E quando o bem cultural não é uma construção? O povo karajá, que vive nas regiões Norte e Centro-Oeste do Brasil, tem uma expressão artística única, chamada *ritxòkò*. São peças de cerâmica, produzidas exclusivamente pelas mulheres, para transmissão da cultura karajá. Essas figuras são elaboradas principalmente para as crianças e representam os costumes, o cotidiano, os rituais e a fauna local. Esse conhecimento é passado de geração em geração.

Fabio Colombini

A pintura e a decoração das peças de cerâmica representam a tradicional pintura corporal karajá. Essa expressão artística tem grande valor e faz parte do patrimônio cultural do Brasil.

VAMOS APROFUNDAR

1. O que pode ser feito para preservar o prédio do Palacete Azul?
2. E quanto à arte karajá? Se ninguém mais aprender a elaborar as peças de cerâmica e pintá-las, é possível preservar esse bem cultural? O que podemos fazer para que as pessoas conheçam essa tradição?

Algumas construções extraordinárias

Muitas construções consideradas patrimônio cultural e histórico são únicas! Há edificações que têm formas geométricas simples e ainda assim são extraordinárias. Vamos conhecer algumas?

Dan Breckwoldt/Shutterstock.com

As pirâmides de Gizé foram construídas no Antigo Egito há mais de 4 500 anos. Atualmente, elas fazem parte do Patrimônio Mundial. Muitos estudiosos investigam como elas foram construídas e ficam admirados e inspirados pelo conhecimento matemático de seus construtores. Você consegue imaginar a altura delas?

Alexandre Rotenberg/Shutterstock.com

Esta é a Igreja São Francisco de Assis, em Belo Horizonte, Minas Gerais. Quem desenhou essa igreja foi o arquiteto Oscar Niemeyer (1907-2012). Ela foi inaugurada em 1959 e atualmente é considerada um Patrimônio Cultural da Humanidade.

S-F/Shutterstock.com

A Torre Eiffel também é uma construção singular: ela é o grande símbolo da cidade de Paris, na França. Foi construída ao longo de quase três anos e inaugurada em 1889. Ela é visitada por milhões de pessoas todos os anos, que podem observar do alto a cidade e toda a região.

superbphoto95/Shutterstock.com

Esta construção em madeira faz parte de um conjunto de templos religiosos, em Nikko, no Japão. Esses templos são muito antigos, mas vários deles tiveram de ser reconstruídos ao longo do tempo. Essa torre foi reconstruída no século 19, há mais de 200 anos.

REFLITA E REGISTRE

1. Você se impressionou com alguma dessas construções? Qual? Que formas geométricas você vê nela?

2. Você consegue imaginar uma casa construída usando apenas essa forma geométrica? Desenhe a casa que você construiria com a forma geométrica.

Casa Batlló: uma casa para ser lembrada

Há mais de cem anos, o arquiteto espanhol Antoni Gaudí (1852-1926) foi contratado para reformar a casa da família Batlló, na cidade de Barcelona, na Espanha. Gaudí fez muitas modificações na construção e criou um edifício com características únicas. O arquiteto se inspirou em flores, dragões e no fundo do mar.

Toda a casa é como um sonho: se lá fora dorme o dragão, entrar nela é como conhecer o fundo do mar. O teto não é reto como nas casas normais, ele é em forma de abóbada: faz ondas. O lustre lembra uma água-viva. As portas são levemente curvadas, como se as ondas as tivessem esculpido.

As claraboias parecem casco de tartaruga, e a grande escada de madeira tem forma de espinhas de animais.

No meio desta casa-prédio, Gaudí criou um pátio para entrar mais luz. As paredes do pátio são cobertas com azulejo azul. Isso faz com que a luz que entra seja contaminada por esta cor – é como estar em um mundo de fantasia.

Bianca Antunes e Simone Sayegh. *Casacadabra: invenções para morar*. São Paulo: Pistache Editorial, 2016. p. 44.

Luciano Mortula - LGM/Shutterstock.com

O teto da Casa Batlló lembra ondas do mar.

imagIN.gr photography/Shutterstock.com

Pátio interno coberto com azulejos azuis.

Pessoas do mundo inteiro visitam a Casa Batlló, considerada Patrimônio Cultural da Humanidade.

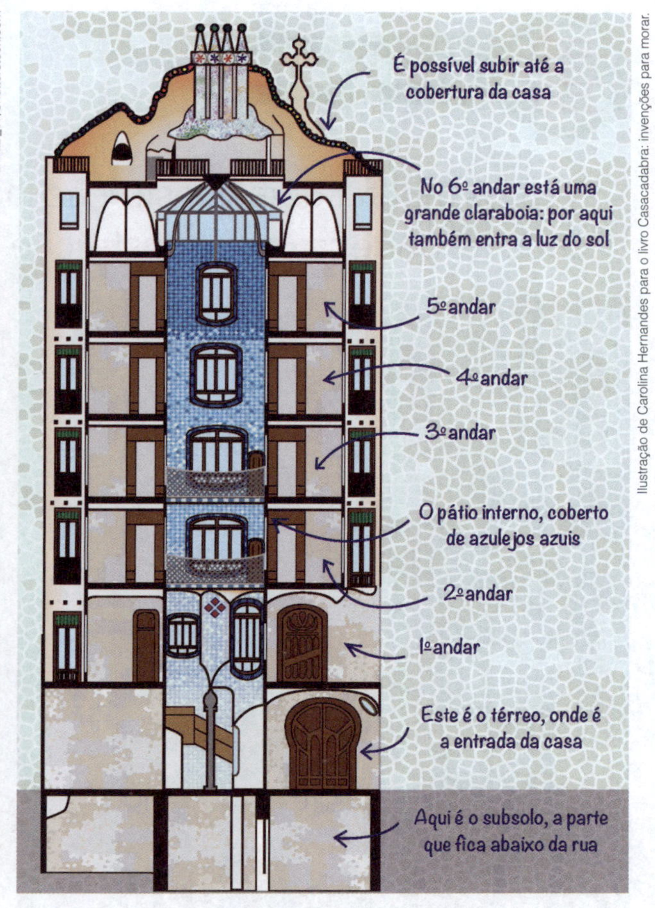

Se pudéssemos cortar a Casa Batlló ao meio, é assim que veríamos o espaço interior. Esse desenho se chama "corte": Você consegue encontrar as linhas curvas nele também?

REFLITA E REGISTRE

1. Você ficou impressionado com algum elemento utilizado por Gaudí nessa casa? Qual?

____

____

2. Você utilizaria esse elemento em sua moradia? Que efeito você acha que ele criaria?

____

____

VAMOS AGIR

Vamos montar uma construção incrível usando geometria? Acha complicado? Conheça uma construção feita com o formato de uma esfera.

Imagens: Chico Prestes Maia

A Casa Bola foi construída pelo arquiteto Eduardo Longo na cidade de São Paulo, na década de 1970. Na fotografia à esquerda, vista externa da casa bola. À direita, podemos observar como alguns móveis precisaram ser adaptados por causa do formato esférico da casa.

1. Recorte os moldes no final do livro (páginas 75 e 77) e monte cada um deles.
2. Tente montar construções usando os moldes. Você também pode acrescentar outros materiais a seu projeto, como embalagens vazias e limpas.
3. Quando você chegar a uma construção que o agrade, complete a fachada com cores e texturas. Você pode usar lápis de cor, pedrinhas, grãos, entre outros materiais. Solte a imaginação!
4. Coloque sua construção bem a sua frente e desenhe a fachada na página ao lado. Atenção: é importante manter as proporções no desenho.

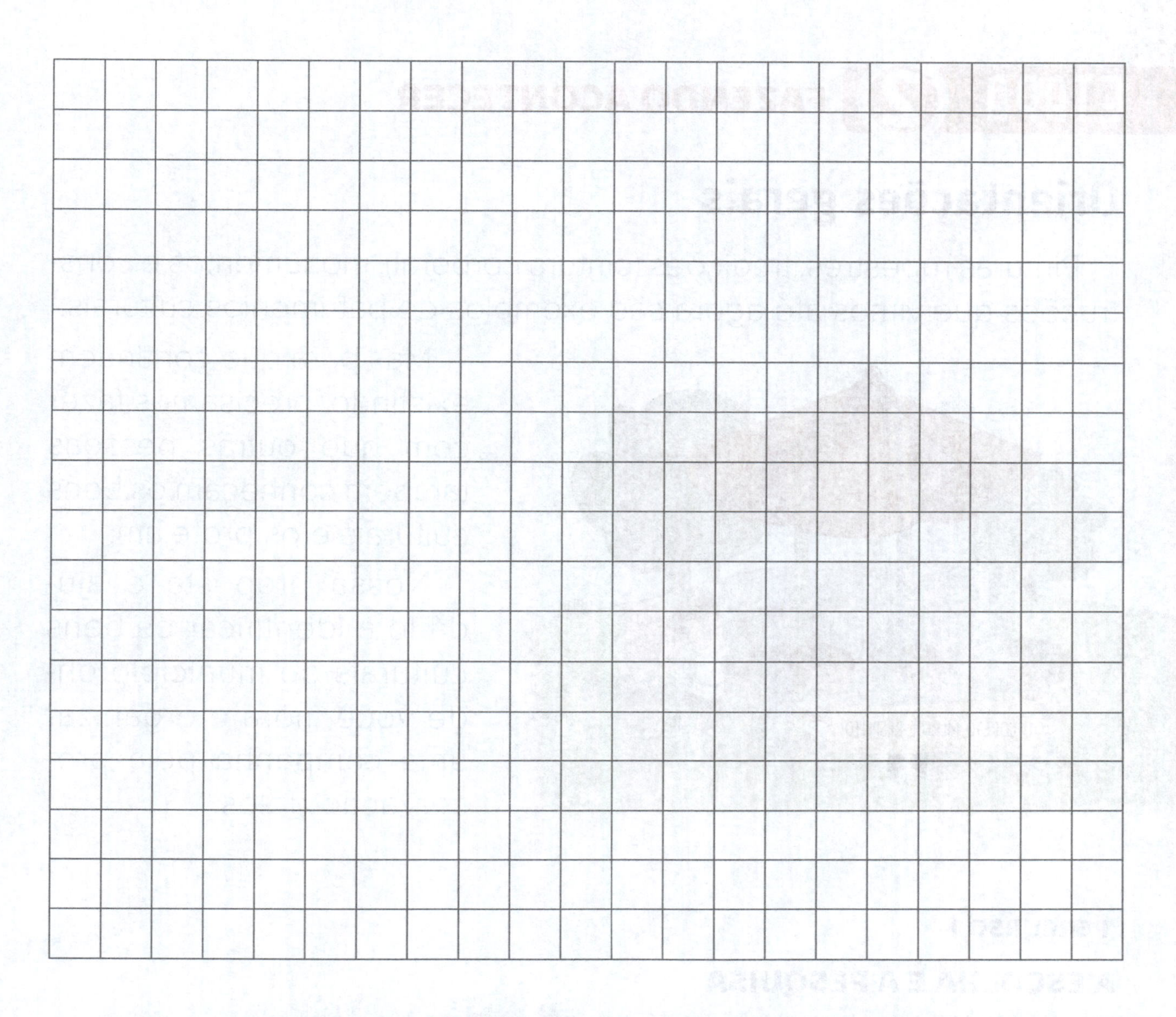

REFLITA E REGISTRE

1. Imagine o interior da construção que você montou. Descreva para os colegas cada espaço e explique qual foi sua inspiração para criá-la.

FAZENDO ACONTECER

Orientações gerais

Pinturas rupestres, tradições (pintura corporal), monumentos e construções que vimos até agora são exemplos de patrimônios culturais.

Mas para que continuem existindo, precisamos fazer com que outras pessoas também conheçam os bens culturais e os protejam.

Nossa proposta é ajudá-lo a identificar os bens culturais do município onde você mora e organizar uma campanha pela preservação deles.

A ESCOLHA E A PESQUISA

Meta

Escolher e pesquisar os bens culturais que farão parte da campanha.

1. Pesquise quais são os bens culturais do município onde você vive: pode ser um lugar, uma construção, uma tradição ou uma obra de arte. Elabore uma lista com os bens culturais que mais chamaram sua atenção.

______________________ ______________________

______________________ ______________________

______________________ ______________________

Em grupo

2. Selecionem um bem cultural dessa lista para conhecer um pouco melhor. Cada grupo deve escolher apenas um bem cultural e não pode ser igual ao de outro grupo.

Dicas

- Escolham algo que vocês possam conhecer de perto.
- Se for escolhido um lugar ou uma construção, descubra se é um espaço público e se pode ser visitado por todos.

3. Façam uma pesquisa na biblioteca, na internet ou visitem o local onde esse bem está para levantar mais informações sobre ele.

4. É hora de organizar as informações! Anotem abaixo o que vocês descobriram. Vocês também podem juntar imagens (fotografias ou desenhos).

PERCURSO 2

O SÍMBOLO DA CAMPANHA

Meta

Criar um símbolo para a campanha.

Em grupo

Chegou a hora de vocês criarem uma campanha para apresentar o bem cultural à comunidade escolar e aos moradores da região e incentivá-los a cuidar dele!

1. A campanha precisa de um título, que pode ser o nome do bem cultural que vocês querem preservar ou uma frase relacionada a ele. Exemplos: “Coreto da Praça Central” ou “O coreto merece respeito”. Conversem e decidam juntos esse título.

____

2. Observem as imagens que vocês pesquisaram e criem um símbolo para a campanha. Dica: desenhem uma forma simples, fácil de ser copiada com poucas linhas e apenas uma cor.

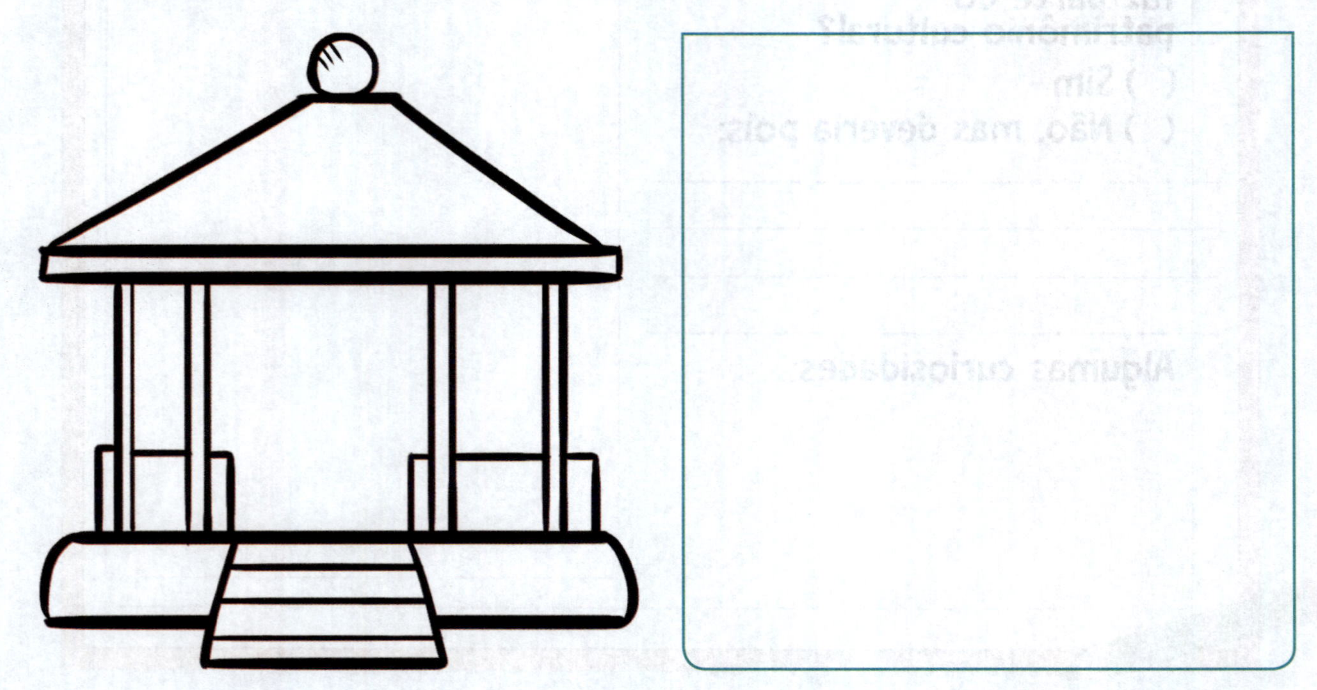

Olya Detry/Shutterstock.com

No carimbo, o desenho que será impresso fica em alto relevo.

3. Vamos transformar o símbolo que vocês criaram em um carimbo? Para isso vocês precisarão de um pedaço de EVA, papelão-paraná (ou um papelão bem duro), um pouco de tinta e um rolinho (também pode ser uma carimbeira).

Imagens: Fernando Favoretto

4. Use uma caneta para desenhar o símbolo que vocês criaram no EVA Para chamar atenção, o desenho precisa ser grande; como referência, recortem um quadrado de EVA com 8 centímetros de lado.

5. Utilizem uma tesoura sem ponta para recortar o contorno do símbolo que criaram.

6. Colem o símbolo no papelão-paraná ou no papelão bem rígido.

7. Esperem a cola secar. Depois, usem um rolinho de tinha ou uma carimbeira para entintar o carimbo. Testem em uma folha de papel para ver se funcionou.

ETAPA 3 RESPEITÁVEL PÚBLICO

Com o símbolo da campanha pronto, é hora de usá-lo para comunicar às pessoas a importância de preservar o bem cultural escolhido por vocês.

Para isso, sugerimos que vocês enviem cartões-postais com a imagem desse bem cultural.

1. Recortem os cartões-postais da página 79.

2. Preparem o carimbo e a tinta: vocês devem carimbar cada cartão na parte da frente (que está em branco). Deixem espaço para colocar o nome do bem cultural.

3. Escrevam o nome do bem cultural utilizando canetas coloridas.

4. Elaborem um texto que apresente o bem cultural com informações sobre ele. Esse texto deve comunicar às pessoas a importância desse bem cultural para os moradores.

5. Copiem o texto no verso do cartão-postal.

Os cartões-postais já estão prontos para serem distribuídos. Vocês podem enviá-los a pessoas com quem vocês gostariam de compartilhar o sentimento de preservação por esse patrimônio.

O coreto da nossa praça foi construído no aniversário de 100 anos de nosso município. Vamos preservá-lo!

Converse com os colegas sobre a experiência de fazer uma campanha de preservação do patrimônio cultural. Conte quais foram suas expectativas, dificuldades e o que você mais gostou de fazer. Depois, escute o que os colegas têm a dizer. Vocês tiveram expectativas parecidas? E as dificuldades, foram semelhantes? Como superaram essas dificuldades para concluir o projeto? O que vocês imaginam que vai acontecer com esse bem cultural ao longo dos próximos anos?

AUTOAVALIAÇÃO

No quadro a seguir você pode rever o que aprendeu ao longo deste projeto. Preencha-o e, depois, compartilhe com os colegas e o professor suas impressões: O que foi fácil e o que representou um grande desafio para você?

Eu aprendi a...			
...identificar um bem cultural.			
...valorizar o patrimônio cultural.			
...confeccionar um símbolo para uma campanha.			
...elaborar um cartão-postal.			

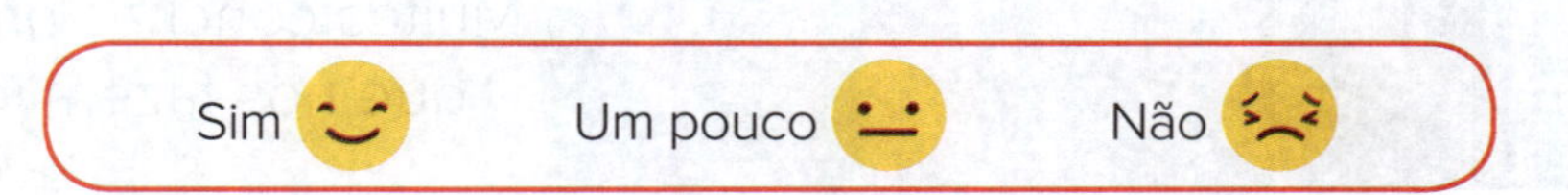

PROJETO

Os lugares estão cheios de sons

O mundo está repleto de sons. Você já pensou em como o som é produzido? Por que o canto de uma ave pode ser agradável, enquanto um trovão é tão assustador? Para você, algum som traz lembranças de alguém ou de algum lugar? Será que os sons que escutamos atualmente são os mesmos que nossos avós escutavam quando eram crianças?

DE OLHO NO TEMA

Estudar como o som é produzido é uma maneira de compreender o mundo que nos rodeia. Conforme a percepção que têm dos ruídos à sua volta, pessoas surdas e ouvintes podem se sentir mais ou menos conectadas ao que está acontecendo.

Neste projeto, propomos experimentos relacionados ao som para descobrirmos mais informações sobre a vida humana em diferentes épocas. Ao construir e apresentar uma instalação sonora, você poderá criar paisagens sonoras e ainda se envolver em uma manifestação artística usando tecnologia.

Muitas conchas produzem sons que nos fazem lembrar o mar.

Asia Images Group/Shutterstock.com

DIRETO AO PONTO

É possível identificar os lugares apenas por seus sons mais marcantes?

QUAL É O PLANO?

Criar sons que façam as pessoas imaginarem um lugar.

Etapa 1 – Explorando o assunto

- O que é o som?
- Sons no dia a dia

Etapa 2 – Fazendo acontecer

Percurso 1: Os sons da instalação
Percurso 2: Preparação da instalação

Etapa 3 – Respeitável público

Para funcionar, a instalação construída por você e seus colegas precisa de visitantes: toda a comunidade escolar deve ser convidada para experimentar a obra que vocês criarem.

O que é o som?

Quais sons você escuta onde está? Você imagina que todos os sons são iguais? E todos são agradáveis?

Os sons que nós escutamos são emitidos quando um objeto faz o ar vibrar.

Wendy Baker e Andrew Haslam. *Sound*. Londres: Two-Can, 1992. p. 6. (Coleção Make it work!). (Tradução livre).

Nossas orelhas recebem essa vibração e enviam a informação ao cérebro. É ele que traduz a informação sonora!

Você é capaz de identificar o som do tambor? Como?

Mas será que todo som de tambor é igual? Os sons têm algumas características que podem ser percebidas pelo cérebro. Assim, conseguimos diferenciá-los. Vamos conhecer duas características do som: a intensidade e a altura.

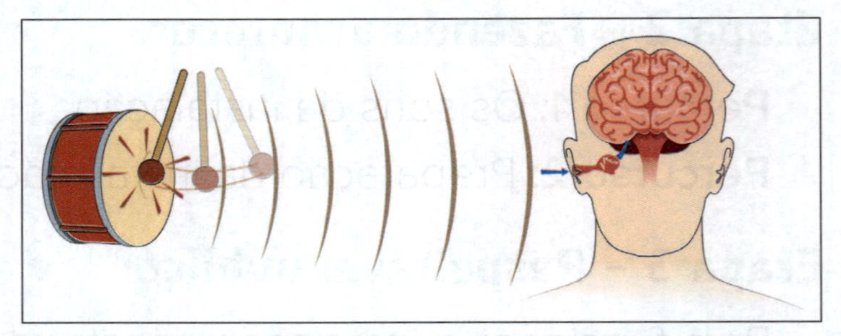

O cérebro reconhece as características do som e guarda essa informação: "som de tambor". Quando escutar esse som novamente, é provável que ele já saiba que se trata do som do tambor.

De acordo com essas duas características, nós podemos classificar o som em forte ou fraco, grave ou agudo.

VAMOS AGIR

1. Pense nas diversas possibilidades para produzir sons usando diferentes objetos: bater na lata com uma colher de metal produz o mesmo som que bater com uma colher de borracha? Depois, selecione três objetos da sua casa que produzam sons: pode ser brinquedo, lata, panela, caixa de papelão, apito, entre outros.
2. Traga-os para a sala de aula. Utilize-os para produzir dois sons diferentes para os colegas.
3. Após todas as apresentações, conte aos colegas se os sons que você fez classificam-se em: forte ou fraco, grave ou agudo.

REFLITA E REGISTRE

1. Você concordou com a classificação feita pelos colegas? Algum colega disse ter produzido um tipo de som e você achou que era de outro tipo?
2. Escolha três sons apresentados que tenham causado discordância: por exemplo, um colega afirma que ouviu um som fraco, e outro, que o som era forte. Peça a eles que produzam novamente esses sons e registre no quadro a seguir as características de intensidade e altura.

Som	Intensidade		Altura	
	Forte	Fraco	Agudo	Grave
1				
2				
3				

3. Após todos preencherem o quadro, avaliem as respostas para saber como cada som foi classificado pela maioria dos alunos.

De onde vem o som?

Ao escutar um som, você percebe de qual direção ele está vindo?

Temos duas orelhas e cada uma delas se localiza em um lado da cabeça. Essa posição ajuda a perceber a direção do som, pois elas captam o som em tempos diferentes. O cérebro consegue saber qual orelha está mais distante da origem do som e identificar a direção dele. Isso só não ocorre quando a fonte sonora está bem à frente do receptor.

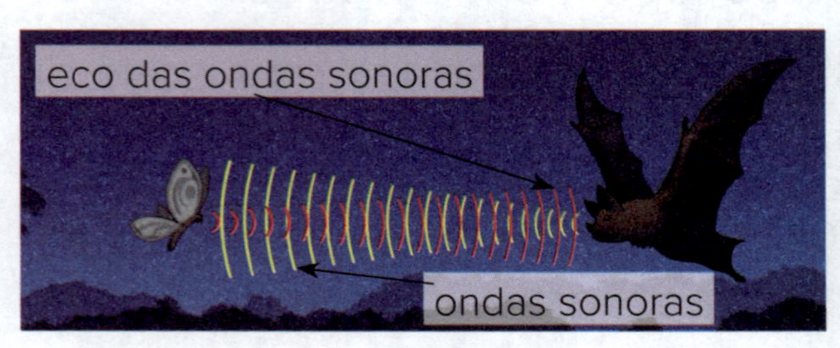

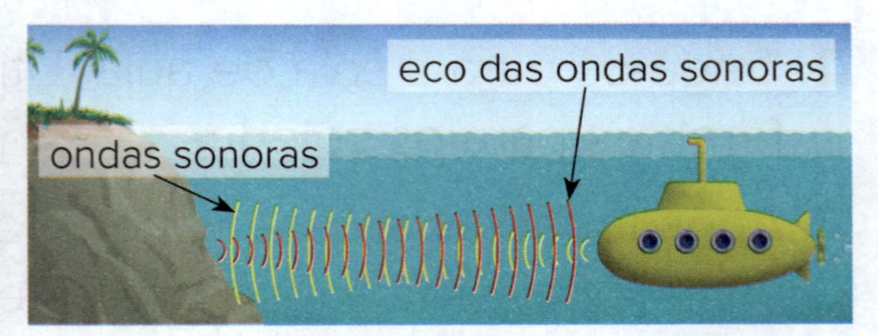

Alguns animais, como os morcegos, conseguem localizar obstáculos à frente emitindo um som; quando ele ecoa, o animal sabe que há algo ali e a que distância o objeto está. Nós, seres humanos, inventamos o sonar com base nesse princípio.

VAMOS AGIR

1. Para realizar esse experimento, vocês vão precisar de uma venda para os olhos, alguns sons gravados e um tocador de música. Vocês podem gravar sons com os objetos que utilizaram na atividade anterior ou baixar arquivos da internet.
2. O experimento é simples: um colega deverá ficar no centro, com os olhos vendados, enquanto outro, posicionado em algum ponto da sala, liga o aparelho que toca músicas em uma intensidade forte. O aluno vendado deve escutar o som e correr na direção contrária. Repitam o experimento até que todos participem.

REFLITA E REGISTRE

1. Todos conseguiram identificar de qual direção vinha o som?
2. Qual órgão de seu corpo captou o som? Ele o ajudou a perceber de qual direção o som vinha? Como?

VAMOS AGIR

Imagens: Dotta

As ondas sonoras chegam à orelha e fazem a membrana do tímpano vibrar. O cérebro, ligado ao tímpano por nervos, recebe e interpreta essas vibrações. Vamos fazer um experimento para observar como funciona a membrana do tímpano.

1. Você precisará de dois potes de plástico duro, um balão de festa, sal grosso, tesoura sem ponta e elástico.

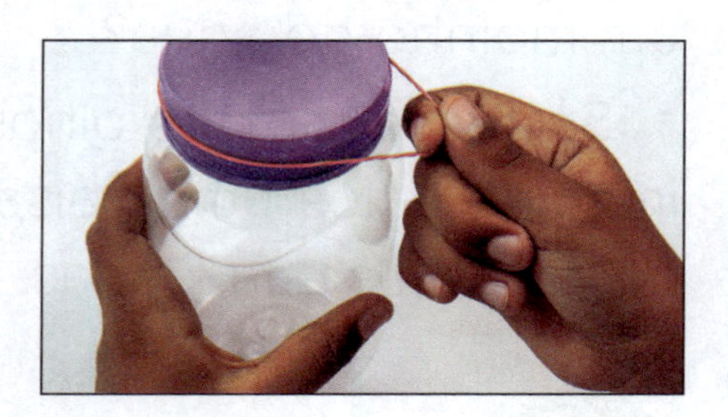

2. Recorte o topo do balão de festa de forma que caiba na boca do pote plástico.
3. Coloque o pedaço do balão bem esticado na boca do pote plástico. Se precisar, ponha um elástico apertado em volta da borda do pote para mantê-lo esticado.

4. Coloque um pouco de sal grosso em cima do balão esticado.
5. Encoste a boca no fundo do outro pote, como se ele fosse um alto-falante, e faça vários tipos de sons sobre o balão esticado.

Observe o que acontece!

REFLITA E REGISTRE

1. O que aconteceu com o sal quando você fez barulho no fundo do pote? Por que isso ocorreu?
2. Como esse experimento nos ajuda a entender o papel do tímpano na audição?

Sons no dia a dia

O nosso dia a dia é cheio de sons. Alguns sons são harmônicos, como as músicas e o canto das aves, e outros são desagradáveis, como o ruído do motor de um avião ou de uma explosão.

Dikky Oesin/Shutterstock.com

Você conhece os sons produzidos por um trator ou um moinho de água?

Se fecharmos os olhos e escutarmos esses sons, provavelmente imaginaremos uma paisagem do campo, pois eles são comuns em muitos sítios e fazendas.

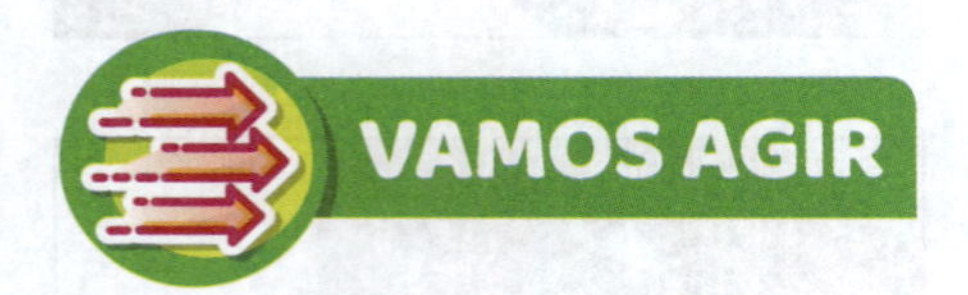

Vamos brincar de arquiteto? Demonstre aos colegas o lugar em que você vive usando apenas sons.

1. Escolha alguns locais para escutar os sons típicos de onde você vive. Por exemplo, se você mora em um apartamento, fique próximo à janela, em silêncio, por alguns instantes, percebendo os sons.
2. Com o auxílio de um gravador ou um celular, grave os sons que você identificou como os mais marcantes do lugar em que vive. Traga a gravação para a sala de aula.
3. Forme dupla com um colega e apresente a ele o que você gravou. Em seguida, escute a gravação dele.
4. Em uma folha à parte, desenhe a paisagem imaginada por você ao ouvi-la.
5. Mostre seu desenho ao colega e conversem sobre as paisagens que imaginaram.

REFLITA E REGISTRE 

1. O desenho que seu colega fez corresponde ao lugar em que você vive?
2. Quais sons você poderia inserir na gravação para que ele desenhasse uma paisagem mais próxima da realidade?

Os sons poluem o ambiente?

Nikolay Zaborskikh/Shutterstock.com

Cachoeira

wavebreakmedia/Shutterstock.com

Liquidificador em funcionamento.

Edson Grandisoli/Pulsar Imagens

O que é agradável ou desagradável pode variar, não é? Mas você conhece alguém que considere agradável o ruído de uma britadeira?

As fotografias acima mostram diferentes origens de som. Quais deles são agradáveis para você? Há algum que você considera desagradável?

A intensidade é uma das características que torna o som agradável ou não. Quanto mais forte, mais desagradável ele pode se tornar.

Os sons fortes podem prejudicar nossa audição. Uma pessoa pode achar forte o som do liquidificador em funcionamento, já outras se acostumaram com ele e podem considerá-lo fraco.

Como podemos medir a intensidade de uma forma que não dependa de nossa percepção? Existe uma unidade de medida para comparar a intensidade dos sons: ela é chamada **decibel**.

O decibelímetro é o equipamento utilizado para medir a intensidade dos sons nos ambientes.

BaLL LunLa/Shutterstock.com

Será que o mundo está ficando mais barulhento? Nós estamos emitindo mais sons para fazer as tarefas do dia a dia?

Levantamento de dados

1. Complete a coluna da esquerda do quadro a seguir com outras situações que, atualmente, envolvem a produção de sons fortes.

Situações do dia a dia	Solução atual	Solução do passado
Ventilar os ambientes		
Deslocar-se por longas distâncias		
Triturar alimentos		
Secar os cabelos		

2. Entreviste pessoas mais velhas ou pesquise em livros e na internet informações que indiquem como, atualmente, as pessoas solucionam essas situações e como faziam isso no passado.
3. Em sala de aula, compartilhe com os colegas as descobertas.

REFLITA E REGISTRE

1. De acordo com o seu levantamento, as soluções do passado eram mais ou menos ruidosas? Por quê?
2. Em sua moradia, são produzidos mais sons do que na moradia de seus bisavós quando eram crianças? Por quê?

Simulação dos sons de uma cozinha

Vamos utilizar uma estrutura simples para "misturar" três sons típicos de uma cozinha em uma única gravação. Se vocês estão familiarizados com programas de edição de som, podem utilizar um deles, claro. Mas vai ser bem divertido construir um "misturador" de sons.

Em grupo

1. Providenciem tubos de papelão (pode ser do rolo de papel-alumínio ou de papel higiênico), fita adesiva, massa de modelar e gravadores de áudio (pode ser do celular).
2. Para gravar os sons de uma cozinha, vocês podem pedir a ajuda de um adulto durante o preparo de um alimento. Também há gravações prontas na internet. O *site* FindSounds (www.findsounds.com/typesPortuguese.html – em português. Acesso em: 20 maio 2019) traz muitos deles.
3. Para montar a estrutura, o primeiro passo é preparar três longos tubos de papelão. Se vocês usarem tubos pequenos (como de papel higiênico), será preciso uni-los com fita adesiva.
4. Use massa de modelar para apoiar o tubo e fazê-lo ficar firme na posição.
5. Agora, é só posicionar os objetos (ou sons selecionados previamente) de um lado de cada tubo e apontá-los para o gravador.
6. Mostre aos colegas o resultado. Peça para indicarem os sons que reconheceram na gravação final.

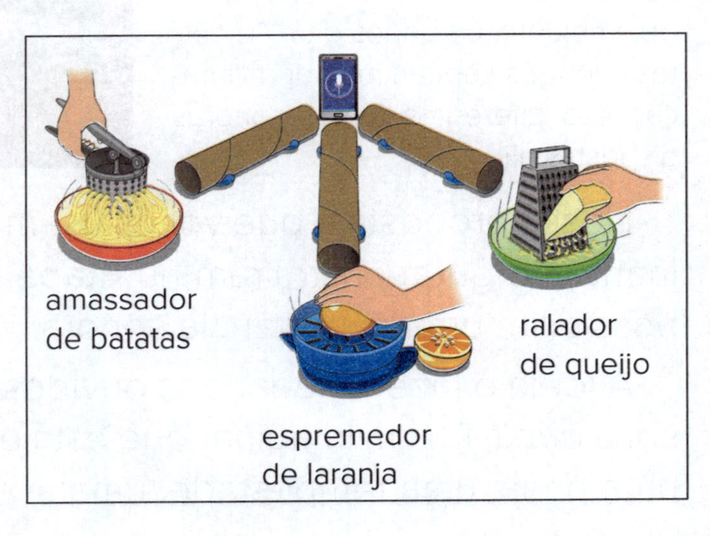

Orientações gerais

Os ambientes estão repletos de fontes sonoras. Nós, seres humanos, somos capazes de identificar algumas vibrações provocadas pelas fontes sonoras e interpretá-las em nosso cérebro.

Pedro Palhares

Pedro Palhares

Essa obra se chama *Quadratura* (2006-2007). Ela foi criada pelo artista Pedro Palhares Fernandes para proporcionar aos visitantes uma escuta muito atenta dos sons fracos do ambiente. Os canos de PVC curtos e longos captam melhor a vibração das diferentes fontes sonoras dispostas ali.

Nossa proposta é que vocês usem sons e tubos de papelão (semelhante ao que construíram na **Etapa 1**) para criar uma instalação que possibilite uma experiência sonora!

A ideia é fazer chegar aos ouvidos de uma pessoa um conjunto de sons que a façam imaginar que está em um lugar específico, como em uma praia, uma tempestade, uma avenida movimentada etc.

PERCURSO 1

OS SONS DA INSTALAÇÃO

Gravar sons ou pesquisar sons gravados para montar a instalação.

Em grupo

1. Organizem-se em grupos. Cada grupo deve escolher um lugar para representar na instalação. Lembrem-se: vocês deverão usar apenas sons que representem esse lugar.
2. Listem os sons que são marcantes do lugar escolhido.

_______________ _______________

_______________ _______________

_______________ _______________

_______________ _______________

3. Decidam como reproduzirão esses sons. É possível usar objetos para reproduzi-los na instalação? É preciso gravá-los? Vocês podem gravá-los ou, ainda, procurar na internet o registro deles.
4. Cada integrante do grupo produzirá ou pesquisará três sons, conforme o combinado, e os trará para a avaliação do grupo.
5. Escutem os sons pesquisados e produzidos por todos os membros do grupo e, juntos, escolham quatro para representar o lugar escolhido.

____

____

____

____

PERCURSO 2

PREPARAÇÃO DA INSTALAÇÃO

Meta

Fazer os objetos e montar a instalação.

Planejamento da instalação

Em grupo

1. Conversem sobre o que funcionou e o que deu errado na construção do "misturador de som" feito por vocês na **Etapa 1**. Os tubos de papelão conduziram bem o som? Eles foram suficientes para amplificar o som até o ponto de chegada? Ficaram curtos ou longos demais?

   Vocês podem fazer novos tubos com folhas de papelão para, assim, obterem tubos mais largos.

2. Decidido o material dos tubos, é preciso pensar em como posicioná-los na altura das orelhas dos visitantes. Vocês podem usar as cadeiras da sala de aula para suspendê-los. Debatam entre vocês uma solução simples e eficiente para essa questão.

3. Planejem como será colocada a fonte sonora na instalação: Será uma caixinha de som ou uma pessoa ficará ali, produzindo o som com objetos na ponta do tubo?

4. Dividam as tarefas entre os membros do grupo. Façam uma lista do material para cada tarefa. Por exemplo, se optaram por confeccionar tubos de papelão, precisarão de papelão, tesoura sem ponta, régua e cola. É importante listar todo o material para providenciá-lo com antecedência. O responsável pelas fontes sonoras deve providenciar o material para produzir os sons, além de definir o tempo de reprodução de cada som ou se ela será feita sem interrupções.

____

____

____

____

____

Preparação dos objetos

5. Reúnam o material providenciado de acordo com o que decidiram anteriormente.

6. Tragam todo o material para a sala de aula e construam os objetos necessários para a instalação, assim como as fontes sonoras. Os tubos podem ser pintados de uma mesma cor, de forma que os visitantes associem o lugar escolhido por vocês a uma cor. Isso ajuda na localização de todas as instalações na escola.

Montagem da instalação

7. Montem a instalação no local escolhido pelo grupo.

8. Testem mais de uma vez se tudo está funcionando: a posição dos tubos, a posição das fontes sonoras e das pessoas etc. Para que funcione bem, é preciso verificar a distância que os elementos da instalação devem ficar uns dos outros considerando o local em que as pessoas ficarão.

Com a instalação pronta, é hora de organizar o evento!

1. Elaborem convites e os enviem à comunidade escolar. Lembram-se da técnica de carimbos apresentada no projeto anterior? Que tal usá-la aqui, na confecção dos convites? Vocês criam um símbolo, cortam o EVA e carimbam os papéis!
2. Vocês podem fazer um mapa para o visitante indicando onde se encontram as instalações. Se pintaram os tubos com a mesma cor, podem usar essa cor para indicar a localização de cada instalação.
3. Elaborem uma ficha como o modelo a seguir para que os visitantes anotem nela a que lugar associaram o que ouviram em cada instalação.

   Sugestão de ficha:

Instalação	Os sons que você escutou são típicos de que lugar?
Amarela	
Verde	
Azul	

   Deixem um pequeno baú na saída do evento para os visitantes depositarem ali as respostas.

4. Preparem um breve texto para orientar os visitantes explicando:
   - como eles devem se posicionar em cada instalação;
   - a função dos tubos na captação do som pelas orelhas;
   - a importância do preenchimento da ficha.

BALANÇO FINAL

Leiam as fichas preenchidas pelos visitantes e listem as respostas certas. Na instalação de seu grupo, quantas pessoas adivinharam corretamente o lugar apresentado por meio desses sons?

Compartilhe com os colegas os resultados de seu grupo. Alguma instalação recebeu um número muito menor ou muito maior de acertos? O que pode ter causado a dificuldade de algumas pessoas na identificação do lugar? Era um grande desafio? O lugar era menos conhecido dos visitantes?

AUTOAVALIAÇÃO

No quadro a seguir, você pode rever o que aprendeu ao longo deste projeto. Preencha-o e, depois, compartilhe com os colegas e o professor suas impressões: O que foi fácil e o que representou um grande desafio para você?

Eu aprendi a...			
...definir o que é o som.			
...reconhecer duas características do som.			
..."misturar" sons usando tubos que conduzem e amplificam o som.			
...organizar um evento que depende da participação dos visitantes.			

Para onde vou?

Você já viu mapas de bairros ou cidades? Já acompanhou alguém usando um aplicativo de mapa no celular para chegar até um endereço?

Todos esses mapas foram desenhados por pessoas: alguns, para serem criados, dependem de muito conhecimento técnico, outros podem ser elaborados apenas observando e desenhando os lugares.

Explorar novos caminhos é muito divertido! As pessoas fazem isso há muitos anos usando mapas. Para que um mapa funcione, é preciso que o seu desenho esteja claro e haja pontos de referência para o leitor.

DE OLHO NO TEMA

Neste projeto, você será convidado a desenhar um mapa de um jeito divertido e simples: identificando pontos de referência. Com isso, qualquer pessoa consegue fazer um trajeto mesmo sem conhecer o lugar.

Esse mapa vai ser uma parte importante de um jogo! Você usará imagens feitas do alto para conseguir montar um mapa bem interessante.

PRESSLAB/Shutterstock.com

Mapas indicam caminhos e pontos de referência. Nós podemos chegar a lugares desconhecidos usando as indicações dos mapas.

DIRETO AO PONTO

Como usar os pontos de referência para percorrer espaços desconhecidos?

QUAL É O PLANO?

Criar um jogo com mapas: os pontos de referência indicados no mapa serão usados pelos jogadores para chegar ao destino final.

Etapa 1 – Explorando o assunto

- Pontos de referência
- A visão dos pássaros

Etapa 2 – Fazendo acontecer

Percurso 1: O trajeto do jogo
Percurso 2: O croqui do jogo
Percurso 3: O objeto do destino final
Percurso 4: Teste do jogo

Etapa 3 – Respeitável público

Vocês vão convidar pessoas para conhecer o jogo e jogá-lo usando o mapa elaborado por vocês.

Pontos de referência

Um dos principais elementos para facilitar a localização de objetos são os pontos de referência. No quarto representado abaixo, podemos usar diversos objetos para localizar outros. Por exemplo, há dois porta-lápis amarelos com listras vermelhas: um tem duas listras e o outro, apenas uma.

Imagine que você precisa encontrar o porta-lápis com duas listras vermelhas. Sabendo que ele está embaixo da janela, não fica muito mais fácil encontrá-lo? Tente fazer o mesmo com as caixinhas esparramadas pelo chão: indique a localização delas usando outros objetos como ponto de referência.

Shutterstock/vectorpouch

Vamos jogar

Em grupo

Reúna-se com mais três colegas para jogar um divertido jogo com essa ilustração!

1. Cada jogador deve escolher um objeto da imagem do quarto ao lado, mas não contar a ninguém! Depois irá escrever o nome do objeto em uma folha de papel, dobrar e colocar sobre a mesa.
2. Decidam quem vai ser o jogador inicial. O jogador seguinte é o que está à direita do inicial e assim por diante.
3. A cada rodada, um jogador dá uma dica de localização do objeto escolhido usando termos como “ao lado de”, “em frente a”, “atrás de”. Os demais jogadores têm uma chance para adivinhar o objeto escolhido. Ao final da primeira rodada (uma tentativa de cada jogador), verifiquem se alguém acertou. Se sim, abram o papel com o nome do objeto: quem acertou ganha um ponto. Se não, na próxima rodada o jogador dá uma nova dica e reinicia a rodada. O jogo continua até que todos os objetos tenham sido adivinhados.
4. Ganha quem somar mais pontos.

Deslocando-se pelo espaço

O Pinball é o avô do *video game*. É provável que seus avós tenham se divertido com os amigos com esse jogo! Ele funciona da seguinte forma: uma mola joga a bolinha para dentro da máquina e ela faz diversos percursos, que geram pontos.

Vamos explorar os espaços e caminhos de uma máquina de Pinball?

1. Use uma borracha para representar uma bolinha de Pinball e faça com ela cada um dos trajetos indicados a seguir. Atenção: as bolinhas têm o mesmo ponto de partida, no canto inferior direito, acima da mola.

Trajeto 1 ☐

A bolinha segue pela linha com as setas amarelas e vermelhas e passa pela parede branca até a curva. Então ela é lançada em direção ao planeta amarelo com anel vermelho e cai nesse vão no meio do tabuleiro. Ela bate no botão cinza de centro vermelho, vai para a direita e rola até o FIM.

Trajeto 2 ☐

A bolinha segue pela linha com as setas amarelas e vermelhas e pela parede até a curva, mas, como estava com pouca força, despenca até a alavanca azul com bolas amarelas, bate no disco voador e rola até o FIM.

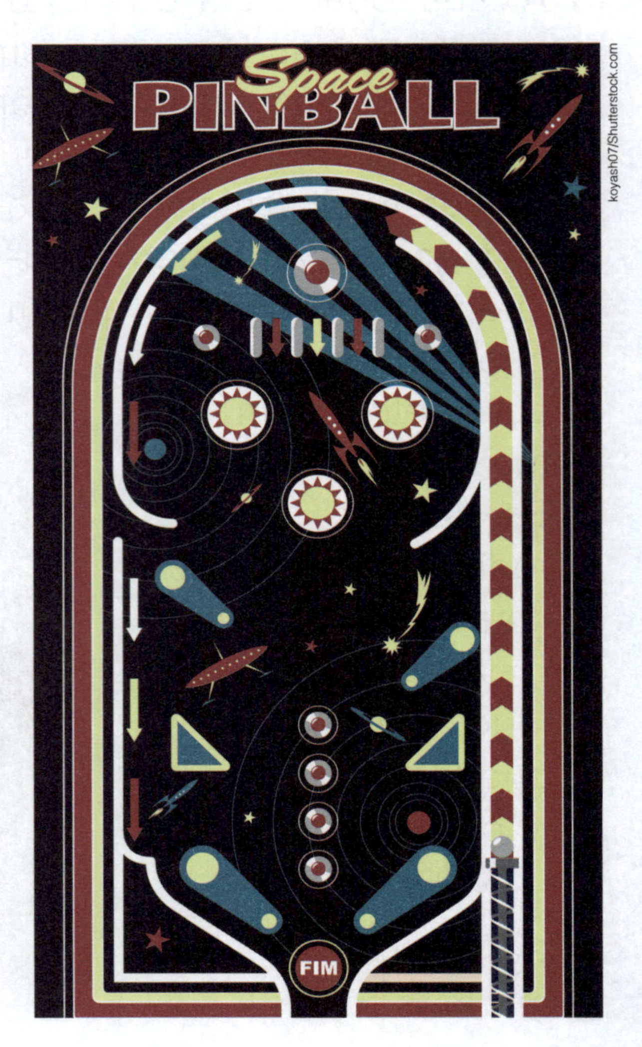

koyash07/Shutterstock.com

Trajeto 3 ☐

A bolinha segue pela linha com as setas amarelas e vermelhas e rola com força pela parede branca até a curva, então é lançada por entre os dois círculos com sóis, atinge o foguete e bate na parede branca do outro lado. Rola até a curva, é lançada para o disco voador e bate na parede branca. Então, rola até o FIM.

Trajeto 4 ☐

A bolinha segue pela linha com as setas amarelas e vermelhas e pela parede branca até a curva, quando é lançada em direção ao cometa amarelo. Bate em vários elementos: a alavanca azul com círculos amarelos, o planeta amarelo com anel azul, o botão cinza com centro vermelho e o sol vermelho. Então, rola até o FIM.

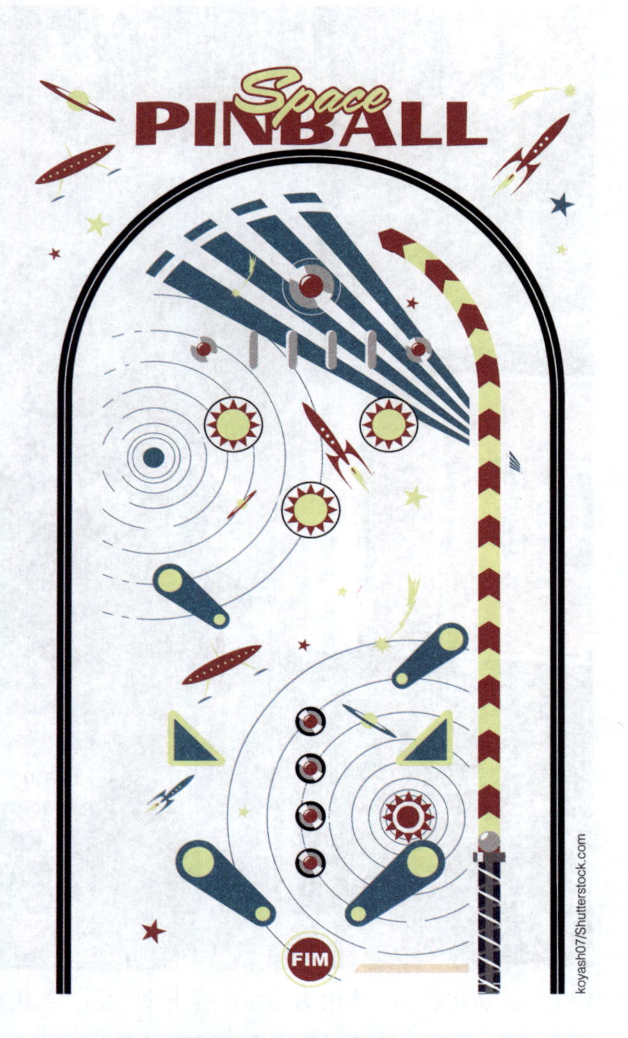

koyash07/Shutterstock.com

2. Agora que você já fez os trajetos usando a bolinha, vamos desenhar cada trajeto na ilustração do Pinball ao lado. Use uma canetinha ou lápis de cor para cada um dos trajetos. Depois, pinte o quadrinho ao lado de cada trajeto para indicar a legenda.

REFLITA E REGISTRE 

1. Foi difícil fazer os trajetos usando a bolinha? Que estratégia você usou para descobri-los?

2. Forme um grupo com uns colegas e, juntos, comparem os desenhos dos trajetos que vocês fizeram na ilustração. Discutam o que ficou diferente em cada um.

A visão dos pássaros

Você já parou para pensar que os pássaros veem o mundo de cima? E como seria ver os caminhos e elementos da perspectiva de um pássaro? Imagine que você está sobrevoando a Praça da República, no Recife, em Pernambuco. A fotografia abaixo mostra como poderia ser a visão da praça lá do alto.

O que você vê das árvores? E dos prédios? Imagine o que você estaria vendo das árvores e dos prédios se estivesse atravessando essa praça a pé: são visões semelhantes?

Na imagem a seguir estão indicados os trajetos de quatro pessoas. Será que você consegue adivinhar quem são essas pessoas por meio dos trajetos? Vamos praticar?

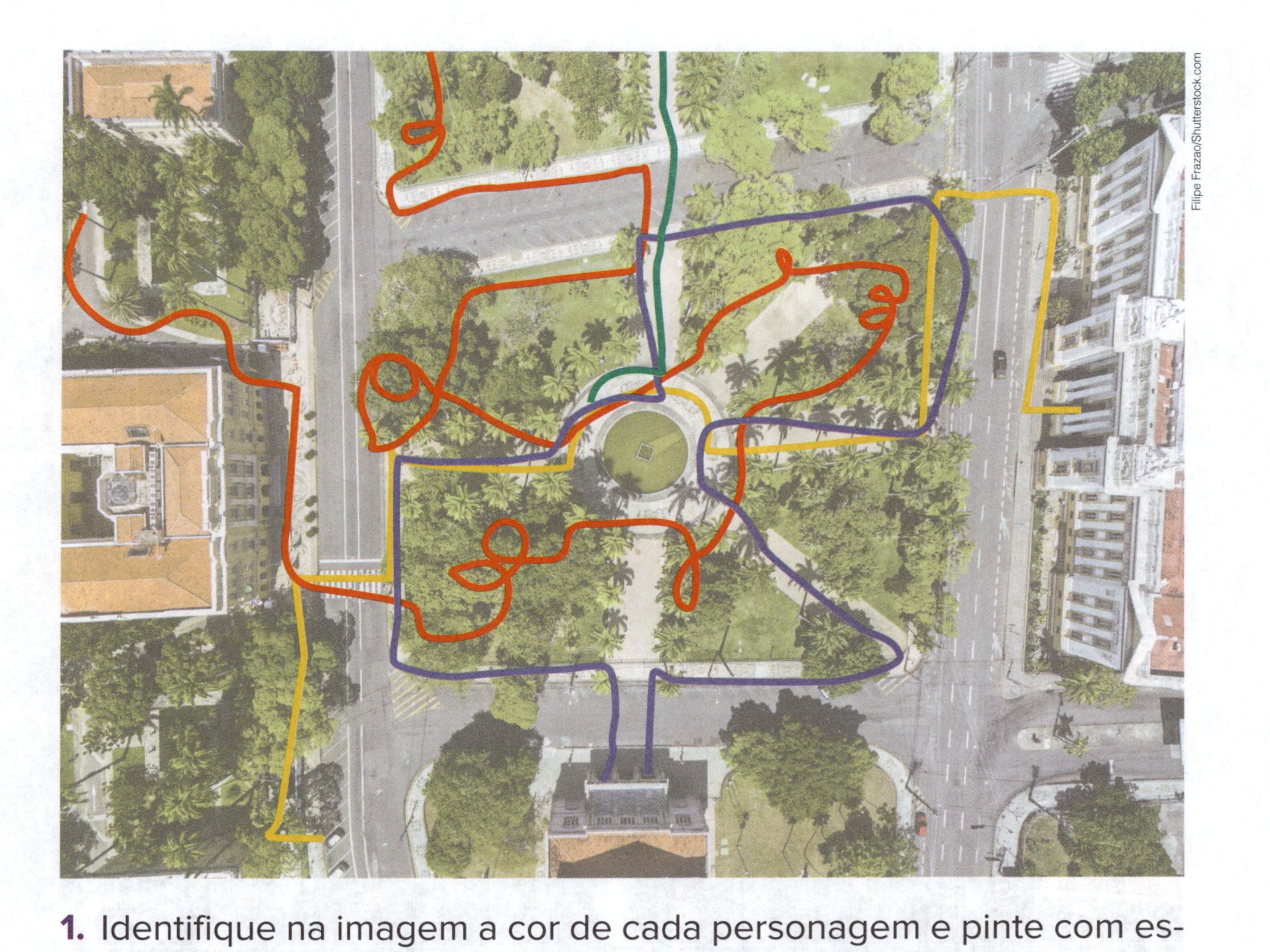
Filipe Frazao/Shutterstock.com

1. Identifique na imagem a cor de cada personagem e pinte com essa cor o quadrinho em frente a cada um deles.

☐ Juliana passa suas tardes na praça, praticando *parkour*. Ela adora estar entre as árvores e testar manobras cada vez mais desafiantes!

☐ Sérgio trabalha no Tribunal da Justiça, um prédio grande e antigo. Ele poderia estacionar o carro mais próximo do trabalho, pois é deficiente e tem uma vaga prioritária, mas prefere atravessar a praça para ver a fonte e os pássaros.

☐ Antônio faz sempre o mesmo trajeto: caminha pelas árvores até a fonte no centro da praça, onde senta para admirar a praça e os prédios. Depois, volta pelo mesmo percurso.

☐ Maíra trabalha no Teatro de Santa Isabel, um prédio pequeno, mas muito charmoso. O teatro é cercado de árvores e tem uma vista privilegiada para a Praça da República. Todos os dias, após o almoço, Maíra caminha pela praça e volta a trabalhar mais leve e contente.

Representar em croqui

Você já ouviu falar em croqui? O croqui é um mapa-rascunho, que pode ser desenhado por você com os elementos que deseja mostrar.

Filipe Frazao/Shutterstock.com

Vamos desenhar um croqui da Praça da República.

Os quadriculados ajudam você a desenhar a praça, suas alamedas, as árvores, a fonte, as ruas e os prédios. Observe a imagem desta página e faça ao lado sua representação em croqui.

REFLITA E REGISTRE

1. Forme dupla com um colega e lhe apresente o croqui que você elaborou. Verifiquem as diferenças e as semelhanças no mapa elaborado por vocês.

Os símbolos

Seu croqui foi confeccionado? Agora, chegou o momento de identificar na praça os pontos de referência. Para isso, vamos criar símbolos que representem quatro importantes pontos de referência nessa área do Recife. Vamos conhecê-los?

Marcio Jose Bastos Silva/Shutterstock.com

Teatro de Santa Isabel, no Recife.

Marlon Costa/Futura Press

Tribunal de Justiça do estado de Pernambuco.

Marlon Costa/Futura Press

Palácio do Campo das Princesas, no Recife, sede do governo estadual de Pernambuco.

Marlon Costa/Futura Press

Fonte de água no centro da Praça da República, no Recife.

1. Você já conheceu os elementos principais da Praça da República; agora crie símbolos para identificar esses elementos no seu croqui. Para elaborar o símbolo, considere as formas do elemento e o tipo de atividade realizada nele.

Teatro de Santa Isabel.

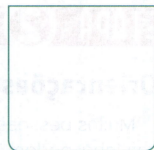

Palácio do Campo das Princesas.

Tribunal de Justiça.

Fonte da praça.

VAMOS APROFUNDAR

Os símbolos são uma linguagem universal. Em várias partes do mundo, o boneco vermelho parado indica que o pedestre não pode atravessar a rua. Esses símbolos de fácil interpretação usados na comunicação são chamados de **isotipos**.

markara/Shutterstock.com

1. Quantos símbolos você viu hoje? Tente lembrar-se de todos: nas ruas, na escola, no prédio, em outros locais. Esses são símbolos comuns em seu dia a dia? Desenhe alguns deles no espaço a seguir.

2. Você gostaria de comunicar algo a seus colegas na escola usando símbolos? Pode ser a indicação do bebedouro ou do descarte de materiais recicláveis, assim como um pedido de silêncio em sala de aula. Forme um grupo com alguns colegas e, juntos, discutam as necessidades da escola. Em seguida, façam as placas. Ao lado, duas sugestões para inspirá-los:

VikiVector/Shutterstock.com

Orientações gerais

Muitas pessoas, quando precisam chegar a um local e não sabem o caminho, pedem informação e recebem respostas assim: “Essa é a rua do mercadinho. Você precisa seguir reto até a padaria, que fica na esquina, e aí você já vai ver o mercadinho na rua de baixo”. A padaria e o mercadinho foram pontos de referência usados para indicar o caminho.

FotosForTheFuture/Shutterstock.com

Nossa proposta é que você crie um trajeto usando pontos de referência e comunique aos jogadores pistas sobre eles em um mapa. A brincadeira é descobrir os pontos de referência e seguir as indicações do mapa para chegar ao destino final.

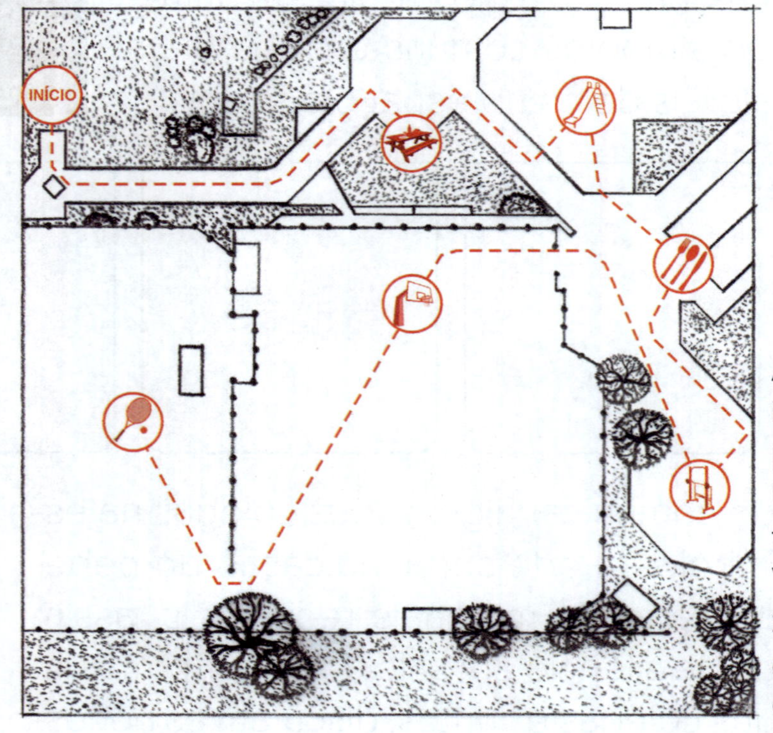

A área mostrada na imagem tem diversos pontos de referência. Usando alguns deles, foi fácil criar um trajeto. Você acha possível fazer esse trajeto usando apenas o croqui com os símbolos?

Para aumentar a diversão, coloque um objeto no ponto de chegada, assim todo jogador vai querer terminar o jogo primeiro.

PERCURSO 1

O TRAJETO DO JOGO

Meta

Montar os grupos e definir o trajeto.

Em grupo

Organização dos grupos e exploração dos locais

1. Escolham um espaço para compor o trajeto e apresentem-no ao professor para ele validar.
2. Encontrem e explorem a área onde vai ser realizado o jogo usando o Google Maps (imagem de satélite) ou o Google Earth. Há bons pontos de referência nessa área? Listem os pontos que podem fazer parte do trajeto de seu grupo.

- ______________________ • ______________________
- ______________________ • ______________________

3. Acompanhados de um adulto, visitem a área escolhida para o jogo e percorram os pontos de referência listados pelo grupo. É seguro chegar aos pontos de referência? Eles são de fácil acesso? Eliminem os que apresentam riscos aos jogadores e aqueles que não estão disponíveis todo o tempo.
4. Vocês pretendem deixar algum objeto no ponto de chegada? Identifiquem possibilidades para escondê-lo.

photocrazed_jls/Shutterstock.com

No jogo *Geocaching*, uma caixinha é escondida e os jogadores tentam encontrá-la usando as informações fornecidas.

Definição do trajeto

Para essa etapa, vocês vão precisar da imagem da área do jogo impressa (usem o Google Maps ou o Google Earth), uma folha de papel vegetal, fita adesiva e lápis.

1. Prendam com a fita a folha de papel vegetal sobre a imagem.

2. Marquem os pontos de referência escolhidos por vocês (um pontinho sobre cada local).

3. Criem uma regra no jogo que controle se os jogadores passaram realmente por todos os pontos de referência. Por exemplo, em cada ponto de referência pode ter um membro do grupo com um carimbo para marcar uma ficha de participação do jogador; ou ainda os jogadores podem retirar uma fitinha colorida em cada ponto de referência para que, ao final, tenham obrigatoriamente as fitas de todas as cores.

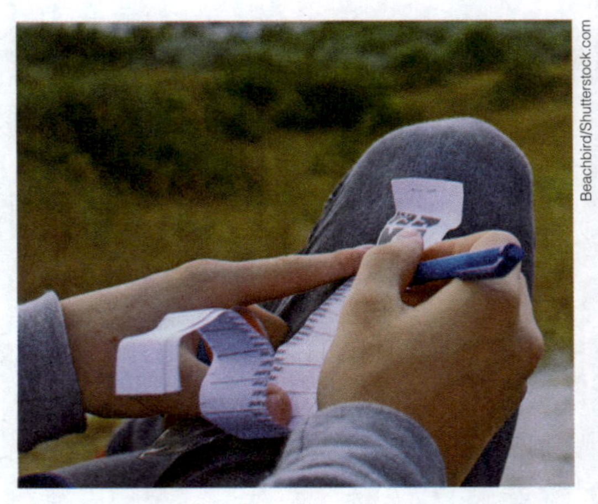
Beachbird/Shutterstock.com

No *Geocaching*, cada caixinha tem um caderno de registro, no qual os jogadores deixam mensagens assinadas.

4. Decidam como indicar o trajeto a ser feito pelos jogadores. Depois disso, chegou a hora de confeccionar o croqui do jogo.

PERCURSO 2

O CROQUI DO JOGO

Meta

Confeccionar o croqui com os pontos de referência do jogo.

Em grupo

1. Desenhem no papel vegetal os elementos gerais da área escolhida para o jogo. No exemplo da página 54, foram indicados os caminhos de cimento e as cercas das quadras. Isso ajuda os jogadores a se localizar na área usando o croqui.

2. Se vocês decidiram guardar um objeto no ponto de chegada, criem um símbolo para identificar o local exato onde os jogadores irão encontrar o objeto.

3. Criem símbolos também para indicar a posição dos pontos de referência no croqui. Eles precisam ser objetivos: quando vemos por exemplo o desenho de uma raquete de tênis, fica fácil saber que o ponto de referência é uma quadra de tênis, não é?

Vocês podem fazer os símbolos em uma folha de papel adesivo, depois recortar e colar sobre o croqui. Mas atenção: façam isso depois que o croqui estiver pronto!

4. Pintem o croqui e coloquem os símbolos dos pontos de referência. Se vocês decidiram indicar o trajeto, façam isso agora.
5. Providenciem cópias do mapa final para cada grupo de jogadores.

PERCURSO 3

O OBJETO DO DESTINO FINAL

Meta
Fazer o objeto e a caixinha para colocar no destino final do trajeto.

Em grupo

1. Decidam o que vai ser oferecido ao grupo de jogadores que vencer o jogo. Pode ser uma lembrança do jogo. Vocês se lembram do projeto em que criaram carimbos com símbolos? Essa técnica pode ser utilizada aqui também.
2. Escolham uma caixa ou pote para guardar o objeto. Considerem como vocês vão deixar a caixa no local: Ela precisa de algum gancho para ser pendurada? Ou uma camuflagem?

PERCURSO 4

TESTE DO JOGO

Meta
Testar o jogo e ajustar os problemas que aparecerem.

Em grupo

1. É hora de testar o jogo! Procurem outro grupo e proponham que vocês testem o jogo um do outro.
2. Vocês devem percorrer os pontos de referência e completar o trajeto de acordo com as instruções dadas.
3. Ao final, relatem aos colegas o que, na opinião de vocês, funcionou bem e o que pode ser melhorado. Deem sugestões para eles de como resolver os problemas e escutem os comentários dos colegas.

RESPEITÁVEL PÚBLICO

Chegou o momento de jogar!

Convidem colegas de outras turmas e da comunidade escolar para participar do jogo.

Preparem-se para receber as pessoas e organizá-las em grupos de modo que os jogos de todos os grupos sejam contemplados. Listem as tarefas necessárias e as dividam entre os colegas de turma, para que cada um fique responsável por uma parte do trabalho.

Registrem o que cada pessoa do grupo irá fazer.

Antonina Vlasova/Shutterstock.com

Seria interessante vocês incluírem um caderno de registro junto ao objeto do destino final para que os jogadores deixem mensagens sobre como foi a experiência deles no jogo.

Como foi o evento? Os mapas ajudaram os jogadores a deslocarem-se por espaços desconhecidos? Quais foram as mensagens deixadas por eles nos caderninhos de registro?

Discutam com os colegas como aconteceu cada etapa do trabalho e o resultado final. Houve problemas durante o jogo? Quais? O que mais agradou aos jogadores? O que vocês modificariam no jogo para o próximo evento?

No quadro a seguir você pode rever o que aprendeu ao longo da realização deste projeto. Preencha-o e, depois, compartilhe com os colegas e o professor suas impressões: O que foi fácil e o que representou um grande desafio para você?

Eu aprendi a...			
...localizar um objeto por meio de dicas relacionadas a sua posição.			
...registrar uma trajetória seguindo indicações em um texto.			
...criar símbolos e legendas.			
...elaborar um croqui com base numa imagem de satélite.			
...organizar um jogo com uso de mapas.			

Meu impacto na natureza

Você já imaginou de onde vem o material que foi usado para fabricar seus brinquedos? Em algum local do planeta, alguém extraiu elementos naturais para produzir cada um de seus brinquedos. Quando compramos um objeto novo, nós estamos consumindo elementos da natureza. É por isso que dizemos que nossas decisões têm impacto na natureza.

DE OLHO NO TEMA

Neste projeto, vocês irão reconhecer como algumas ações humanas impactam a natureza, além de pesquisar atitudes que podemos tomar e como podemos contribuir para diminuir esse efeito.

No mundo todo, há crianças preocupadas com os impactos humanos na natureza. Elas estão ensinando aos adultos lições valiosas, por exemplo: precisamos mudar nossa relação com a natureza, pois, em muitos lugares, os elementos naturais estão se esgotando.

Vocês gostariam de se unir a esse grupo de crianças de vanguarda? Nossa proposta é que vocês divulguem ações ambientais valiosas para toda a comunidade escolar!

Vladyslav Otsiatsia/iStockphoto.com

Comprar um robô pronto ou confeccionar um com materiais que iriam para o lixo? Cada uma dessas alternativas tem um impacto diferente na natureza. Qual você escolhe?

tommaso lizzul/Shutterstock.com

DIRETO AO PONTO

Como podemos agir no nosso dia a dia para causar menos impacto no planeta?

QUAL É O PLANO?

Elaborar vídeos com sugestões de ações que diminuem nosso impacto no meio ambiente.

Etapa 1 – Explorando o assunto

- De que são feitas as coisas?
- E os alimentos, de onde vêm?

Etapa 2 – Fazendo acontecer

Percurso 1: Pesquisa de ações ambientais
Percurso 2: Divulgação da ação ambiental

Etapa 3 – Respeitável público

Os vídeos produzidos pelos grupos circularão pela comunidade escolar com o objetivo de influenciar outras pessoas a refletir sobre o impacto que causam na natureza.

De que são feitas as coisas?

Descreva ou ilustre os elementos naturais utilizados na produção dos objetos mostrados nas fotografias a seguir.

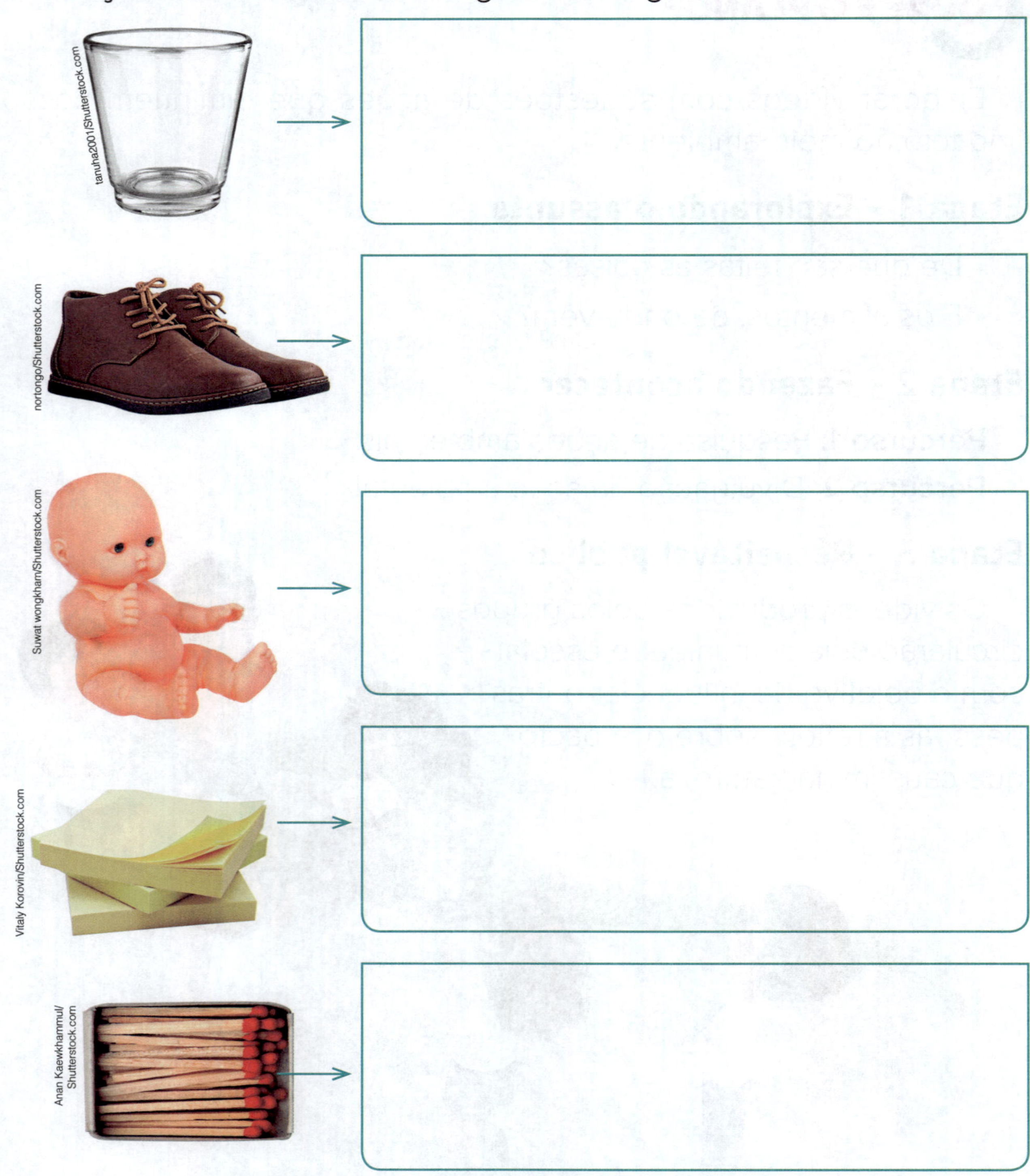

tanuha2001/Shutterstock.com

nortongo/Shutterstock.com

Suwat wongkham/Shutterstock.com

Vitaly Korovin/Shutterstock.com

Anan Kaewkhammul/Shutterstock.com

VAMOS AGIR

Em dupla

1. Conversem sobre os objetos que vocês usam no dia a dia: De que eles são feitos? Vocês sabem tudo o que é utilizado na fabricação deles?
2. Escolham um objeto e pesquisem na internet os materiais usados na fabricação dele.
3. Preparem para a turma uma apresentação das descobertas que vocês fizeram. Desenhem ou colem imagens que ajudem os colegas a entender a composição do objeto.

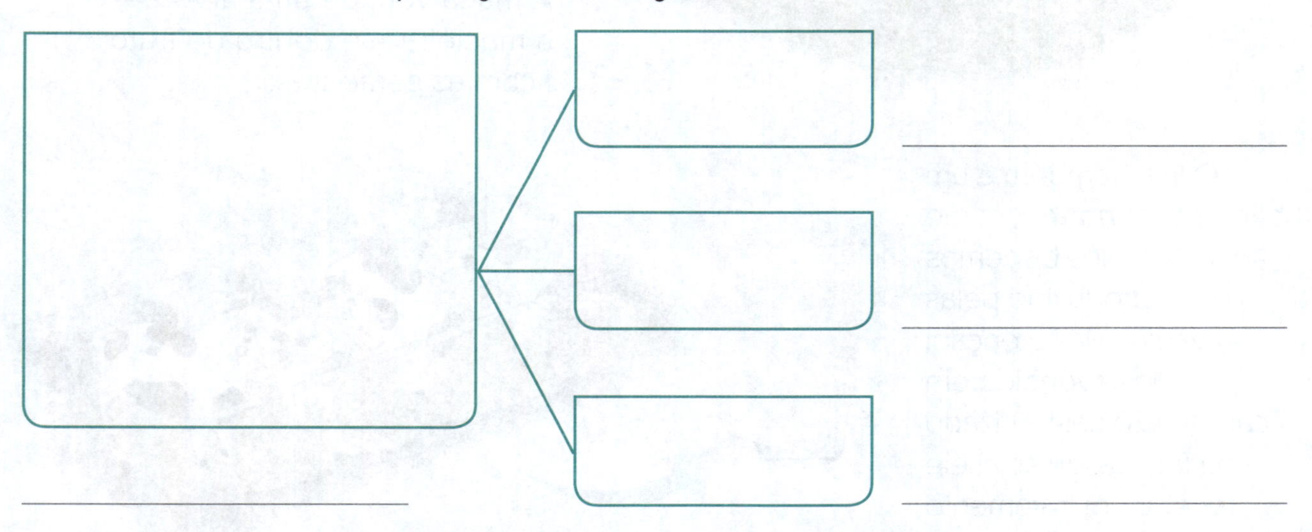

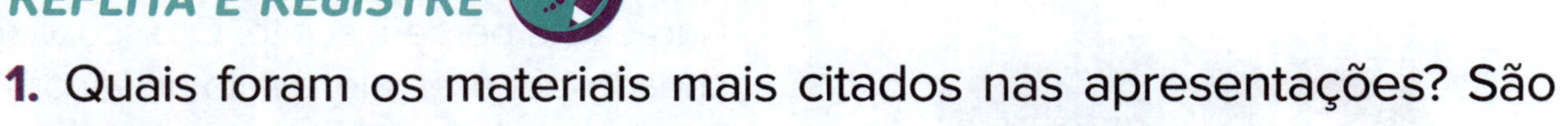

REFLITA E REGISTRE

1. Quais foram os materiais mais citados nas apresentações? São elementos naturais?

2. O que acontece com esses materiais quando fabricamos novos objetos?

E os alimentos, de onde vêm?

Os alimentos vêm do supermercado e da quitanda! Bem, para parte das pessoas, a origem dos alimentos é mesmo desconhecida. Vamos conhecer a origem de três alimentos.

A maçã vem de uma árvore – a macieira – e dentro do fruto ficam as sementes.

O leite também é um **alimento *in natura***, como a maçã. Nós bebemos o leite produzido pelas vacas. Mas atenção! O leite vendido em caixinhas é pasteurizado na fábrica, ou seja, ele recebe um tratamento para durar mais tempo.

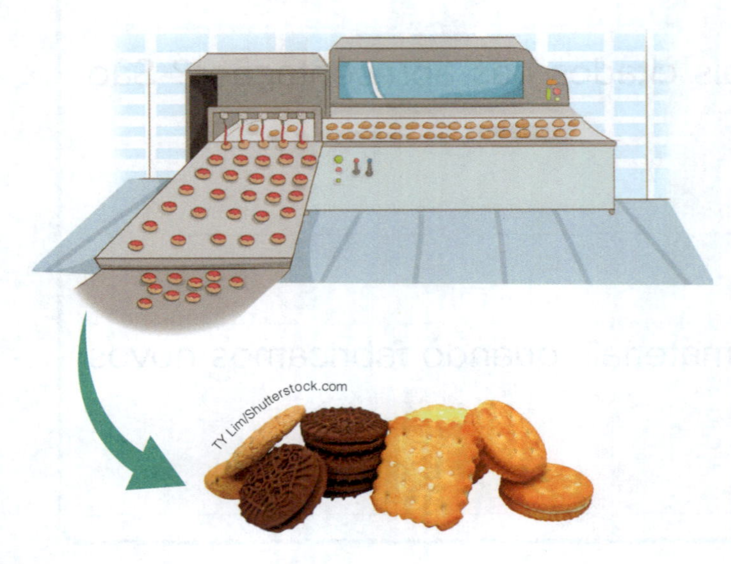

Não existe pé de biscoito! O biscoito recheado, por exemplo, é feito de vários ingredientes: farinha de trigo, cacau, açúcar, fermento, gordura, óleo vegetal, sal, bicarbonato de sódio, bicarbonato de potássio etc. Também são usados outros produtos químicos de nomes complicados, como emulsificantes e aromatizantes. Esses materiais e substâncias são misturados na fábrica: a massa é modelada, prensada e cozida. Quando estão prontos, as máquinas embalam os biscoitos. O biscoito é, portanto, um **alimento processado**.

1. No caderno, faça uma lista de todos os alimentos que você ingeriu ontem.
2. Vamos classificar esses alimentos em *in natura* ou processado? Preencha o quadro a seguir com os alimentos de sua lista na coluna adequada. Em caso de dúvida, pesquise a origem do alimento.

In natura	Processado

REFLITA E REGISTRE

1. Compare seu quadro com os dos colegas: Vocês comem mais alimentos *in natura* ou processados?
2. Qual dos tipos de alimento que você listou consome mais elementos da natureza em sua produção?

A ação do ser humano sobre o solo e a água

Para obter alimentos, nós cultivamos plantas e criamos animais. As plantas e os animais também fornecem material para a produção de objetos.

Para o cultivo de plantas e a criação de animais, nós consumimos dois elementos naturais fundamentais para a vida dos seres vivos: água e solo.

Alf Ribeiro/Shutterstock.com

Você já pensou onde começam os rios? Na fotografia, vemos uma nascente, que é o ponto de início de um rio. Nesse exemplo, a nascente é um filete de água que escoa de dentro do solo. Sim, há muita água no solo! E, em algumas situações, essa água forma uma nascente. Salesópolis, São Paulo.

Na natureza, as plantas têm um tempo próprio de crescimento. E há diversos insetos e outros animais que se alimentam delas. Quando nós, seres humanos, cultivamos as plantas para produzir alimentos e objetos, queremos que elas cresçam o mais rápido possível e que não sejam comidas por insetos ou outros animais.

Há diversas formas de evitar que isso aconteça. Atualmente, são usadas substâncias, chamadas de fertilizantes, para pôr nutrientes no solo e ajudar o crescimento das plantas. Para evitar insetos e outros animais, são empregadas substâncias chamadas de defensivos.

VAMOS AGIR

Algumas substâncias utilizadas no cultivo de plantas (tanto fertilizantes como defensivos) podem contaminar a água que bebemos. É o solo que protege a água dessa contaminação: ele funciona de um jeito parecido com o filtro! Vamos observar?

1. Você precisará de beterraba, água, liquidificador, peneira, tesoura sem ponta, pedaço de tecido (pode ser usado), garrafa PET, elástico e um pouco de terra.

Imagens: Dotta

2. Peça a um adulto que corte a garrafa PET em duas partes.
3. Coloque o pedaço de tecido na boca da garrafa e prenda bem forte com o elástico.

4. Encaixe a ponta da garrafa dentro do corpo dela, com a boca virada para baixo. Despeje a terra na parte de cima.
5. Peça a um adulto que corte a beterraba em pedaços pequenos e os bata no liquidificador com 500 mL de água. Coe em um pote.

6. Despeje vagarosamente o líquido (corante de beterraba) no solo.
7. Espere o líquido se infiltrar no solo e escoar para a parte de baixo da garrafa.

REFLITA E REGISTRE

1. Como ficaram o solo (na parte de cima) e o líquido (na parte de baixo)?
2. Qual era a cor do líquido antes de ser colocado no solo? Qual é a cor do líquido que chegou ao fundo da garrafa?
3. Qual foi o papel do solo no experimento?

“Tudo se transforma”

Nós podemos consumir frutas, legumes e verduras que não foram cultivados com uso de fertilizantes e defensivos, você sabia?

A agricultura orgânica é um exemplo de cultivo de plantas sem o emprego de substâncias químicas.

Para a diminuição do uso de substâncias químicas no cultivo de plantas, nós também podemos cultivar plantas em casa e na vizinhança: são as hortas!

Nelas, podemos plantar ervas para temperar a comida, verduras que fazem parte da salada e até alguns legumes, sem empregar substâncias químicas. Para isso, podemos usar restos de alimentos como adubo: é a compostagem.

André Cerino/Embrapa Hortaliças

Que tal cultivar algumas plantas na escola com adubo feito por vocês mesmos? Aprenda um jeito fácil de fazer uma composteira.

1. Você vai precisar de duas garrafas PET, tecido de algodão, tecido de náilon (como uma meia velha), elástico, terra e folhas secas. Também vai precisar de cascas de ovo, de frutas e de legumes ou, ainda, talos de verduras.

2. Peça a ajuda de um adulto para cortar as garrafas de acordo com a imagem. Descarte no lixo reciclável as partes menores de cada garrafa: nós não vamos usá-las.

3. Descarte a tampa da garrafa 1 e coloque o tecido de algodão fechando a boca da garrafa. Use o elástico para prender o tecido.

4. Insira a garrafa 1, com a boca virada para baixo, na garrafa 2.

5. Para preparar o composto orgânico, misture os restos de alimentos crus, terra e folhas secas. Mas atenção: há uma proporção certa entre esses elementos!

6. Misture os elementos do composto no pote e ponha na composteira. Regue com um pouco de água sem encharcar o composto. Feche a composteira com a meia de náilon.

7. Deixe a composteira em um lugar bem ventilado, mas coberto (ela não deve tomar chuva!). O líquido que cairá no fundo da composteira é chamado de chorume. Ele é rico em nutrientes e pode ser usado para regar as plantas.

ETAPA 2 FAZENDO ACONTECER

Orientações gerais

Enquanto você estudava os impactos provocados pelo ser humano no solo e na água, em algum momento você se perguntou o que podemos fazer para mudar essas situações?

Nossa proposta é que vocês façam vídeos explicando às pessoas como desenvolver uma ação ambiental.

Alvinho Duarte/Fotoarena

Voluntários participam de evento na praia de Copacabana, no Rio de Janeiro (RJ), para recolher o lixo descartado de forma indevida.

PERCURSO 1

PESQUISA DE AÇÕES AMBIENTAIS

> **Meta**
> Pesquisar ações do dia a dia que contribuam para diminuir a exploração de elementos naturais e a contaminação da água.

1. Pesquise na internet ações feitas por crianças para contribuir na solução de problemas ambientais.
2. Escolha uma das ideias pesquisadas e apresente aos colegas.

Em grupo

3. Juntem as ideias de vocês em uma única ação, algo que as pessoas possam fazer para ajudar a reduzir um impacto ambiental.

Planejamento da ação

1. Pesquisem o que vocês precisam fazer para realizar a ação escolhida.
2. Façam um teste para saber se a ideia é fácil de ser realizada por qualquer pessoa. Caso necessite de muitas intervenções de um adulto, releiam a lista de ações ambientais e escolham outra ação.

PERCURSO 2

DIVULGAÇÃO DA AÇÃO AMBIENTAL

Meta
Elaborar um vídeo para ensinar outras pessoas a realizar uma ação ambiental.

Em grupo

Planejamento do vídeo

1. É preciso planejar o vídeo antes de fazer a gravação. O roteiro a seguir vai ajudá-los no planejamento.
2. No teste do Percurso 1, quais foram os passos seguidos para realizar a ação ambiental? Faça uma lista do que foi feito.
3. Esses passos podem ser explicados com fotografias? Há algo que necessita de uma explicação em vídeo? Perguntas como essas ajudam a decidir o que fazer.
4. Todos os passos ocorrem no mesmo local? É preciso ir a lugares diferentes para desenvolver a ação ambiental? Decidam a ordem dos locais de acordo com a sequência dos passos.

Ação!

1. Organizem todo o material de que vocês precisam para a gravação.
2. Dividam as tarefas entre os membros do grupo. Quem vai realizar a ação? Quem vai fazer os registros?
3. Façam os registros e os reúnam em um vídeo. Vocês podem usar programas de computador ou até mesmo aplicativos de celular de edição de vídeos.

ETAPA 3 RESPEITÁVEL PÚBLICO

O primeiro público a apreciar o vídeo feito por vocês será formado pelos colegas da turma. Exibam o vídeo para eles e, ao final, organizem uma roda de conversa sobre as impressões deles a respeito da ação ambiental proposta por vocês. Algumas questões podem ajudá-los a iniciar a conversa:

- A ação ambiental proposta era viável?
- As informações foram transmitidas de forma clara?
- Os recursos visuais e sonoros ajudaram a explicar bem como a ação ambiental deve ser feita?

Anotem os apontamentos dos colegas. Depois, em grupo, editem novamente o vídeo para resolver os problemas indicados por eles.

Com o vídeo pronto, vocês precisam também verificar a segurança.

- O vídeo tem alguma identificação da escola? (Um aluno de uniforme, por exemplo.) Ao publicar um vídeo em redes sociais, não é seguro divulgar endereço ou nome da escola.
- Todos os passos propostos podem ser realizados com segurança por outras crianças? Se não, ponham um aviso no vídeo informando que aquele passo deve contar com a ajuda de um adulto.

Alfa Photostudio/Shutterstock.com

Com tudo isso checado, agora vocês podem decidir como colocar os vídeos em circulação. Uma sugestão é deixá-los disponíveis nos computadores da escola e elaborar cartazes para convidar outros alunos a assisti-los quando forem utilizar esses computadores.

BALANÇO FINAL

Yara Nardi/Reuters/Fotoarena

Estudantes italianos fazem protesto para exigir ações a respeito das mudanças climáticas. Roma, Itália, 2019.

Antes de iniciar o projeto, você imaginava que as crianças também poderiam atuar para diminuir os impactos do ser humano no planeta? Como o projeto modificou sua visão sobre nossas atitudes cotidianas? Em uma roda de conversa, apresente aos colegas suas impressões quanto ao papel das crianças nas ações ambientais.

AUTOAVALIAÇÃO

No quadro a seguir, você pode rever o que aprendeu ao longo deste projeto. O que foi fácil e o que representou um desafio para você?

Eu aprendi a...			
...identificar os materiais de que são feitos alguns objetos.			
...diferenciar os alimentos *in natura* dos processados.			
...identificar o impacto do uso de substâncias químicas no cultivo agrícola.			
...fazer a compostagem de alimentos.			
...divulgar uma ação ambiental por meio de vídeo.			

Molde para a construção (página 18)

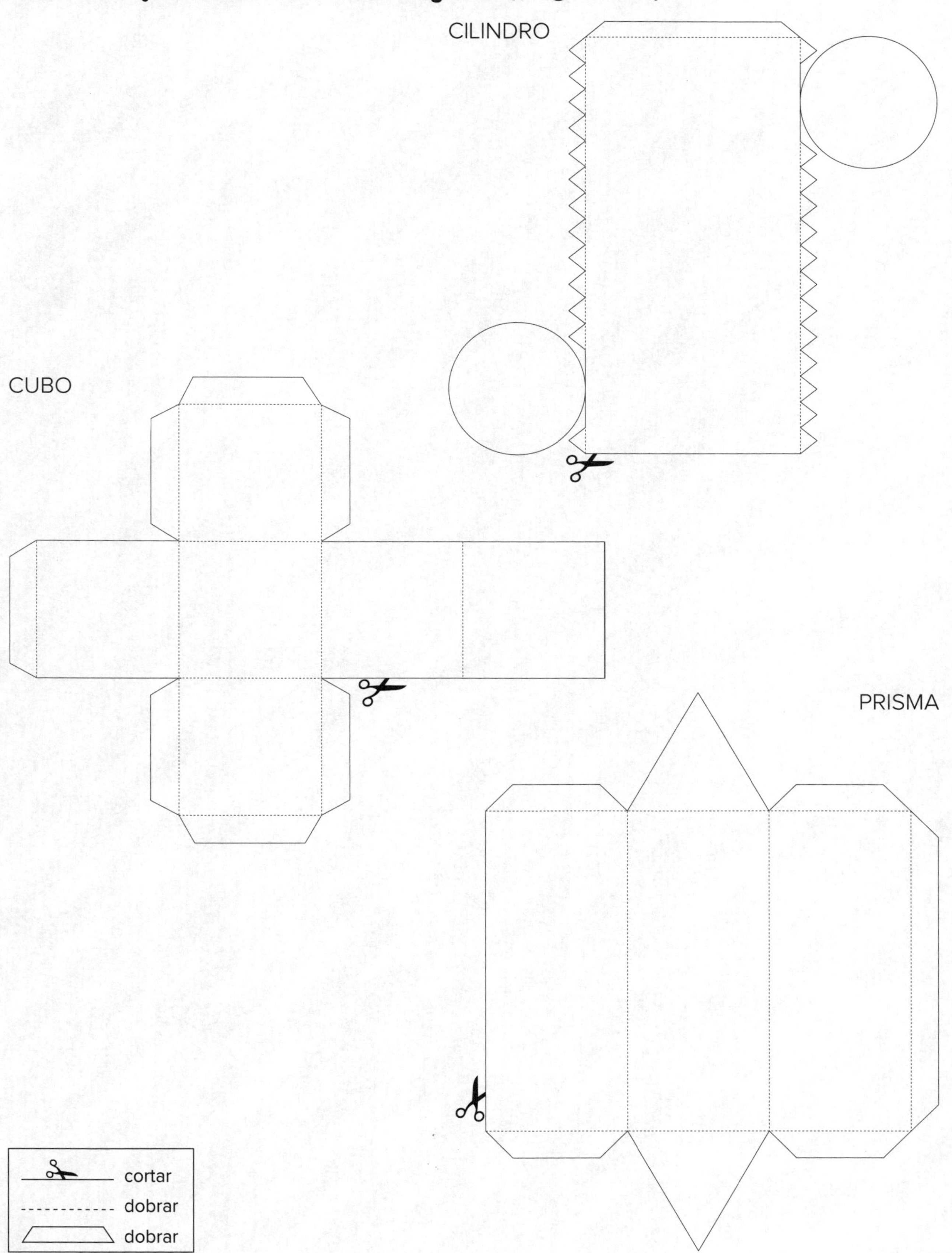

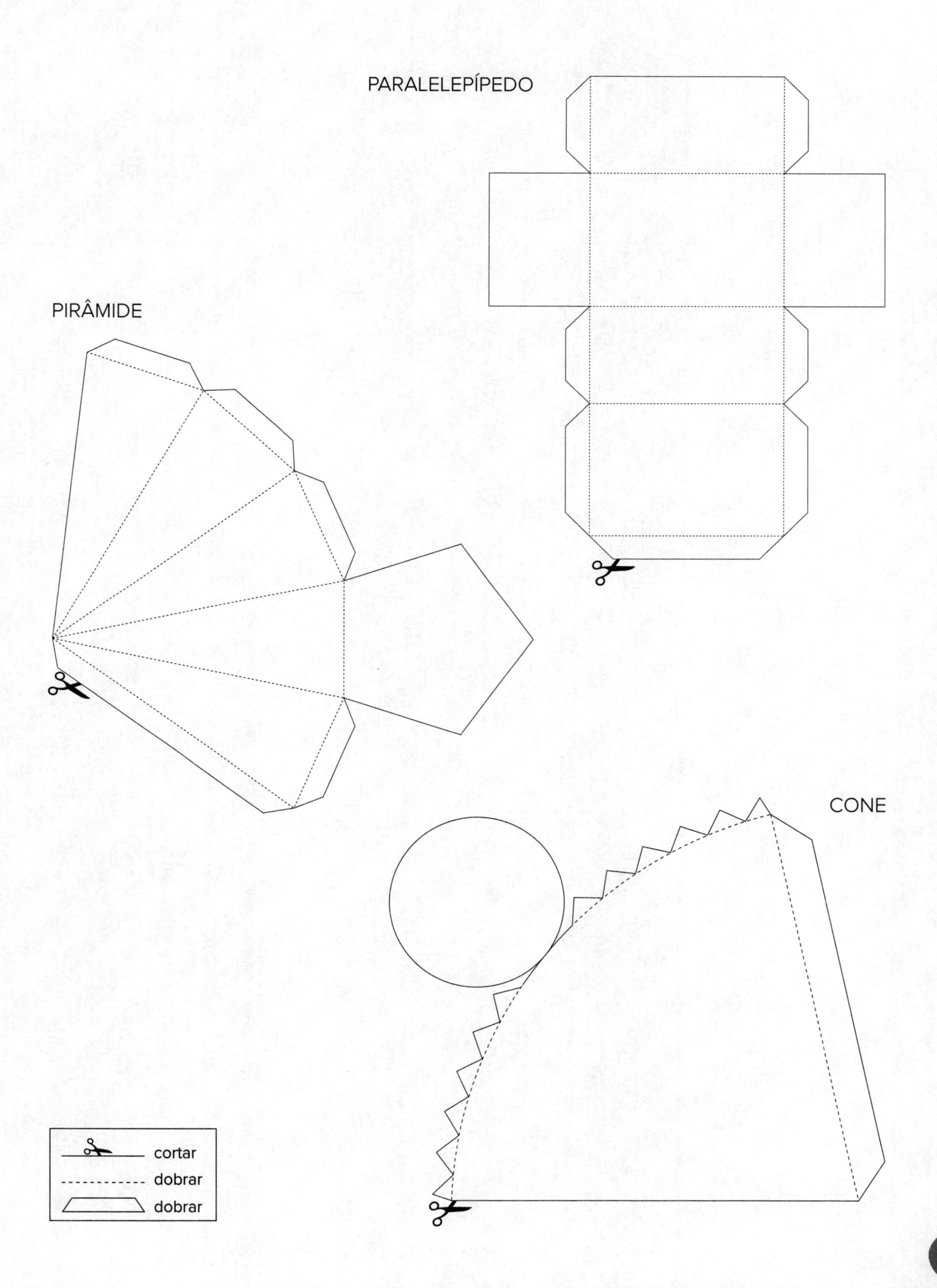
PARALELEPÍPEDO
PIRÂMIDE
CONE
cortar
dobrar
dobrar

Cartões-postais (página 24)

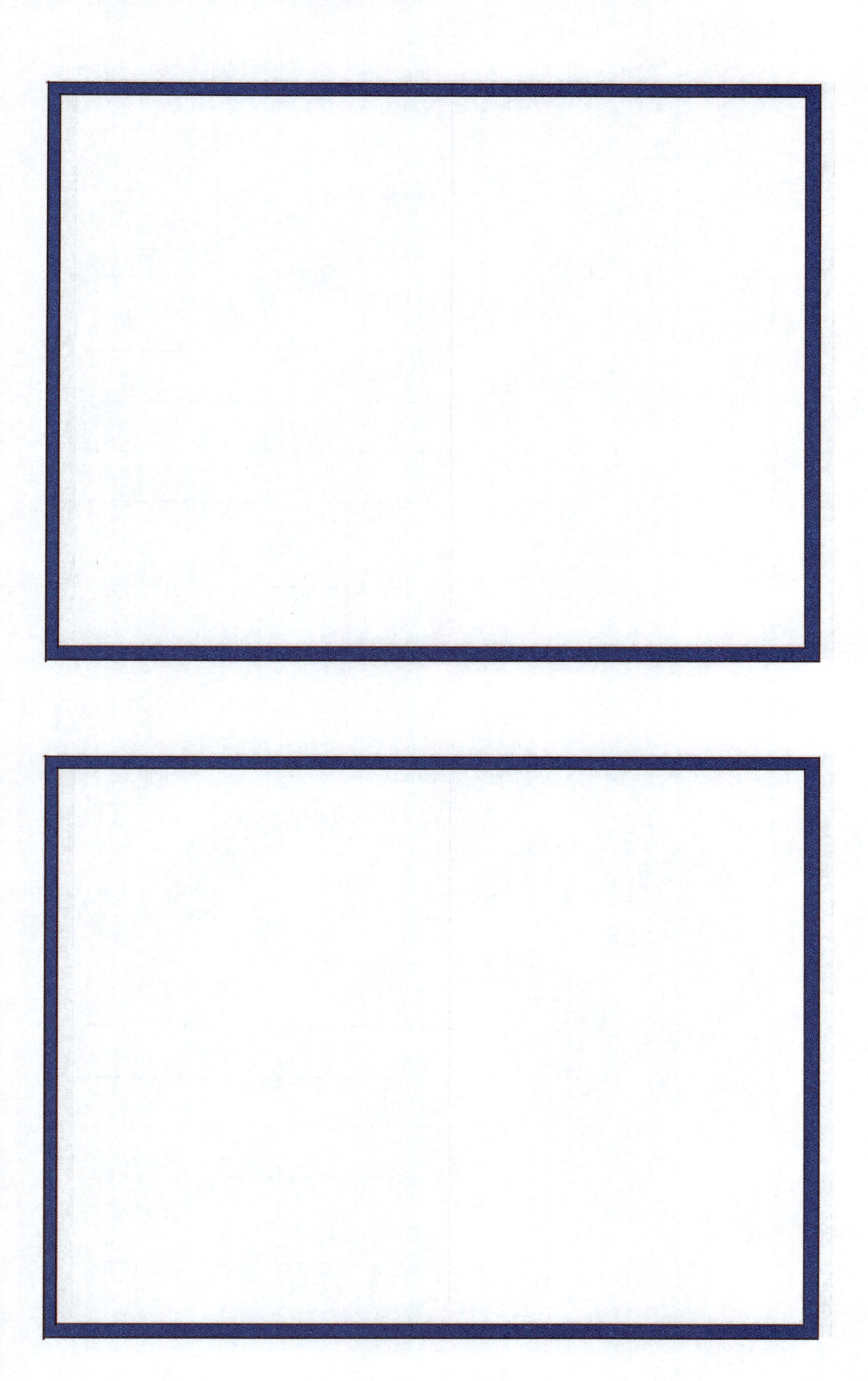

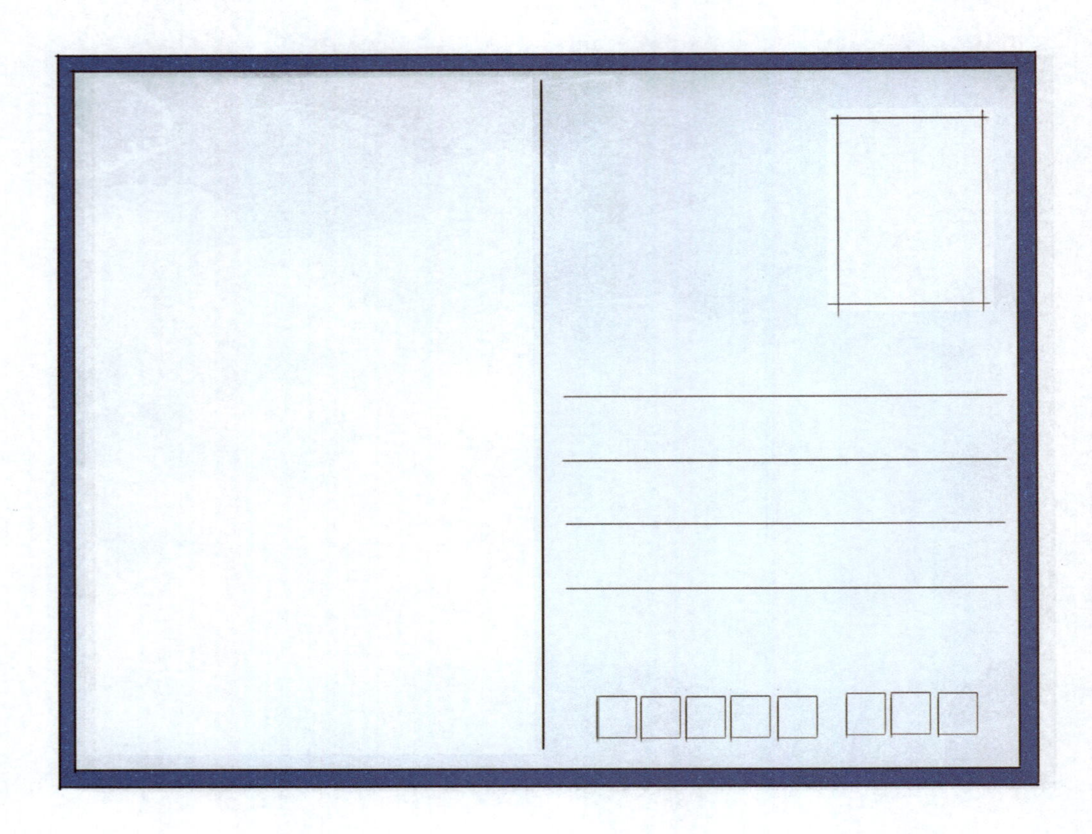

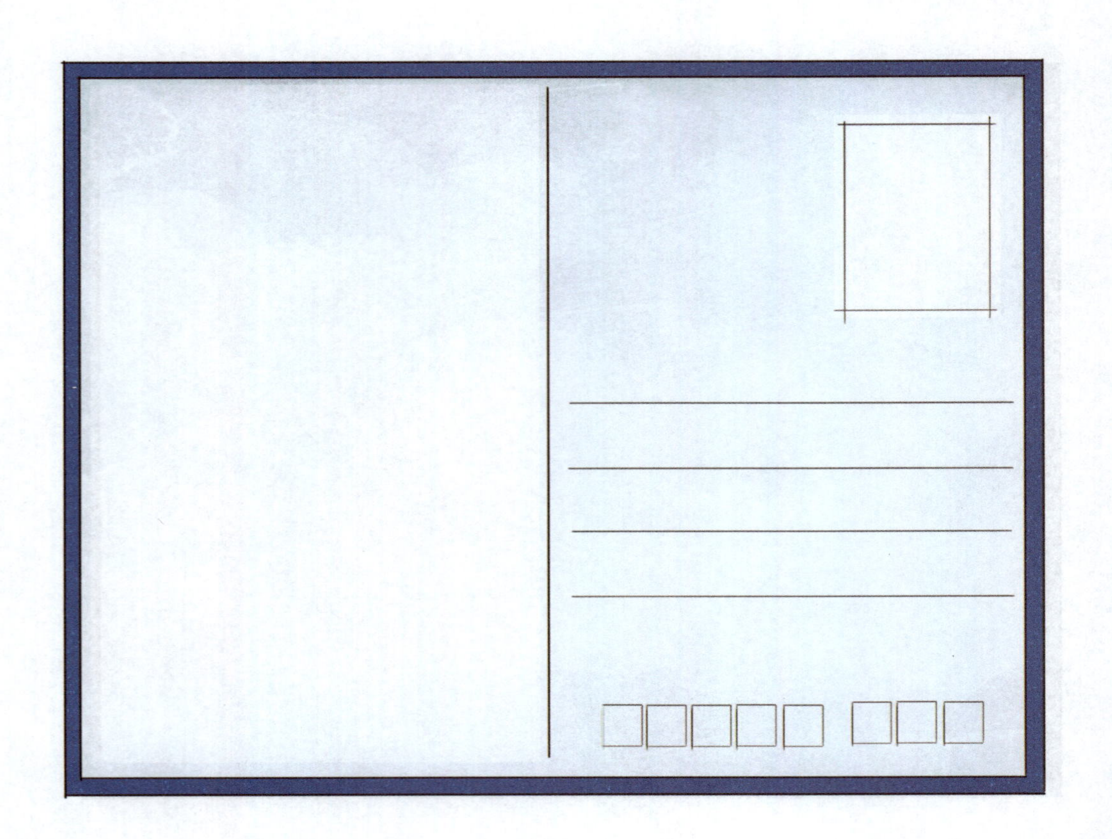